Tascabili Economici Newton
100 pagine 1000 lire

152

In copertina: Busto di Cicerone, Firenze, Galleria degli Uffizi

Prima edizione: marzo 1994
Tascabili Economici Newton
Divisione della Newton Compton editori s.r.l.
© 1994 Newton Compton editori s.r.l.
Roma, Casella postale 6214

ISBN 88-7983-299-9

Stampato su carta Libra Classic della Cartiera di Kajaani
distribuita dalla Fennocarta s.r.l., Milano
Copertina stampata su cartoncino Fine Art Board della Cartiera di Aanekoski

Marco Tullio Cicerone

L'arte di invecchiare

Cura e versione di Bartolomeo Rossetti

Edizione integrale

Tascabili Economici Newton

Introduzione

Marco Tullio Cicerone, nato ad Arpino il 13 gennaio del 106 a.C., aveva del Capricorno l'ostinazione, la fermezza e l'acutezza di ingegno. Apparteneva a una famiglia di ricchi possidenti terrieri, e il padre, per aumentare il prestigio del casato, lo mandò a studiare a Roma, come facevano tutti i provinciali un po' ambiziosi. Ebbe per maestri di retorica M. Antonio e L. Crasso, e come maestro di filosofia l'accademico Filone. Cominciò la sua carriera letteraria giovanissimo; a 20 anni, per restare nel suo campo preferito, scrisse due «Libri retorici», denominati De Inventione, *nei quali si professa un eclettico, sia in politica che in retorica. La sua carriera politica cominciò nell'80 a.C., quando come avvocato assunse la difesa di Sesto Roscio Amerino, che un liberto di Silla, Crisogono, aveva coinvolto in un diabolico intrigo, organizzato alle sue spalle per farlo risultare colpevole di un orribile delitto, la morte del padre. Con questo raggiro Silla, uomo senza scrupoli e intrigante diabolico, voleva impadronirsi della sua eredità, che sarebbe stata confiscata dallo Stato, se Sesto Roscio fosse risultato colpevole di parricidio. Cicerone, dimostrando un grande coraggio civico, fu l'unico ad accettare il difficile compito della difesa del malcapitato Sesto Roscio. La vittoria della causa contro il prepotere della dittatura di Silla mise Cicerone nei guai, tanto che per paura della feroce reazione di Silla, scornato nelle sue mire, mandate a monte dall'Avvocato, si rifugiò in Grecia e poi in Asia, dal 79 al 77 a.C. Tornato a Roma riprese la sua attività di avvocato. Ma l'impegno sociale che si era prefisso era quello di moralizzare l'amministrazione dello Stato. Così, dopo aver ottenuto in riconoscimento dei suoi meriti forensi la Questura della Sicilia occidentale, di cui divenne governatore, volle rendersi benemerito presso i sudditi siciliani, di cui divenne il patrono e il protettore. Seguendo la sua linea di moralizzazione e di giustizia sociale, ottenne l'estensione della carica di giudice alla classe dei Cavalieri e ai tribuni dell'Erario. E nel 70 scrisse le orazioni contro Verre, che era stato governatore della Sicilia dal 73 al 70 a.C. Verre, al termine della sua propretura, era stato accusato dai siciliani di concussione, di abuso di potere, di rapina, di violenza, di riscossione*

di tangenti, di ritorsioni. G. Verre, con grande strafottenza, si sentiva tranquillo, sicuro di sé, perché aveva dalla sua la potente oligarchia senatoria, che tentò di salvarlo dalle sferzanti bordate di Cicerone. Le «filippiche» dell'Avvocato inchiodavano l'indegno funzionario dello Stato alle sue responsabilità e ai suoi delitti, tutti documentati. L'oligarchia senatoria, per affrontare un professionista del Foro come Cicerone, gli contrappose la difesa di un altro avvocato di grido, Ortensio, che tentò invano di rinviare il dibattimento all'anno successivo, quando Ortensio sarebbe diventato Console e il Tribunale sarebbe finito sotto la presidenza di un pezzo grosso favorevole a Verre, il Pretore M. Metello. Cicerone, che era abituato a preparare a tavolino, con calma e con grande impegno, le sue micidiali e travolgenti requisitorie, rinunciò quella volta a tutte le risorse e i trucchi del mestiere, e preparò in breve tempo la relazione nuda e cruda dei risultati della inchiesta, da lui fatta in Sicilia. Ma portò in giudizio prove così schiaccianti delle malefatte di Verre, che questi, travolto dall'eloquenza dei fatti, rinunciò addirittura al dibattito in appello, e se ne andò in esilio, senza aspettare il verdetto definitivo. Cicerone però volle prendersi la sua soddisfazione e pubblicò la sua requisitoria al completo, nell'opera Actio II in Verrem, *in cinque libri, in cui è documentata con drammatico realismo, la corruzione della classe politica romana, che pur di arraffare danaro e opere d'arte (nel IV libro, «De Signis», sono elencate e descritte le preziose opere d'arte rapinate da Verre) era pronta a tutti i delitti e a tutte le malvessazioni, perpetrate grazie all'abusivo strapotere della oligarchia senatoriale.*

Nel 69 Cicerone assunse la carica di edile curule, nel 66 divenne pretore con la giurisdizione sui processi «De repetundis». In quel tempo appoggiò in Senato la rogazione con cui C. Manilio conferiva a Pompeo, già investito dei poteri straordinari per la lotta contro i pirati, il comando supremo della guerra contro Mitridate re del Ponto.

Le simpatie di Cicerone per il grande generale Pompeo erano evidenti e non servivano certo a procurargli l'amicizia di Cesare, grande rivale di Pompeo.

Lucio Sergio Catilina

Mentre Pompeo era a combattere in Oriente, Cesare era in Spagna, prima come questore, poi come edile e L. Crasso era tutto preso dai suoi colossali affari, più o meno puliti, si faceva avanti nel mondo politico romano Lucio Sergio Catilina, di antica famiglia patrizia, ormai decaduta e spiantata. Catilina non era tipo da rassegnarsi a una vita povera e squallida, in una Roma in cui i nuovi

arricchiti facevano sfoggio delle loro ricchezze e delle colossali fortune accumulate con appalti statali e sfruttamento di cariche pubbliche, con relative concussioni e tangenti e rapine ricavate dall'amministrazione delle Province. La corruzione dilagava ovunque, in tutti i settori dell'amministrazione dello Stato. Le antiche virtù civili e le tradizionali doti di rettitudine del romano, si sfaldavano e si annullavano dinanzi al dilagare delle enormi ricchezze che corrompevano tutto e tutti.

«Omnia Romae venalia sunt», *aveva detto con ironia, quaranta anni prima, Giugurta, il ricchissimo re della Numidia, abituato a comprare a Roma qualsiasi favore. Tutti i funzionari dello Stato, secondo Giugurta, si potevano corrompere.* «Era solo questione di prezzo.»

In un ambiente così corrotto un tipo come Catilina ci sguazzava. Era stato seguace di Silla, al tempo della guerra contro Mario: durante le spietate «proscrizioni» sillane, che avevano mandato a morte, con conseguente confisca dei beni, decine di uomini politici, Catilina ne aveva approfittato per uccidere di propria mano i «proscritti» che gli contrastavano il passo. Correva voce che avesse eliminato in quel periodo, con estrema ferocia, decine di vittime. Nel 68 a.C. Catilina fu pretore e nel 67 Governatore della Provincia d'Africa, dove commise concussioni e malvessazioni a non finire, tanto che per le gravissime accuse mossegli dai suoi amministrati, fu escluso dalle elezioni del 66, per i candidati al consolato del 65. Così pure fu eliminato nelle elezioni consolari del 65 per l'anno 64, sempre per l'accusa «De repetundis» riguardante le concussioni in Africa. Non potendo primeggiare in Roma, date le sue condizioni economiche disastrose, nel partito dei nobili, passò al partito popolare. Con l'appoggio di Cesare e di Crasso riuscì finalmente a presentarsi alle elezioni consolari del 64 per l'anno 63. Ma per quell'anno si presentò candidato anche Cicerone: da alcuni frammenti rimastici della sua Oratio in toga candida *possiamo rilevare quanto fossero violente le campagne elettorali repubblicane, condite di improperi e di sanguinose offese.*

Dalle votazioni risultarono eletti Cicerone e Antonio, i cui rapporti, nonostante la durezza e gli improperi della campagna elettorale, furono, durante tutto il consolato rispettosi e accomodanti.

Secondo le regole elettorali quell'anno doveva essere assegnata al primo eletto, Cicerone, la provincia della Macedonia e a M. Antonio la Gallia Cisalpina. E siccome Antonio, pieno di debiti e desideroso di rifarsi un po' le ossa, avrebbe preferito la Macedonia, dove era possibile procacciarsi prestigio militare e ricco bottino di guerra, per via dei ripetuti attacchi di Geti, Illiri e Traci, mentre la Gallia Cisalpina, essendo pacifica e tranquilla, non offriva alcuna buona occa-

sione di profitto, Cicerone condiscese volentieri allo scambio, facendo assegnare ad Antonio la Macedonia, e tenendo per sé la Gallia. Questo, serviva almeno a tenersi buono il collega.

La congiura di Catilina

Catilina non demordeva. Nelle elezioni consolari del 63 presentava ancora la sua candidatura al consolato per il 62, e nei comizi elettorali esponeva un programma di rivendicazioni sovversive così violento e minaccioso, che il Senato fu messo in allarme e rimandò per qualche tempo le elezioni, per chiedere chiarimenti al furioso candidato. «Di un corpo sano, forte ma senza capo», disse Catilina, «non esiterò di mettermi alla testa, contro un corpo debole e col capo mal fermo.» Il discorso è riferito da Sallustio e fu tenuto in una contio domestica *a un folto gruppo di congiurati, aristocratici spiantati, avidi di danaro, di ricchezza e di potenza.*

L'azione della congiura cominciò dopo il nuovo insuccesso di Catilina, che dovette vedere eletti consoli per il 62 L. Licinio Murena e D. Giunio Silano. Sulpicio Rufo, un altro dei candidati trombati come Catilina, accusò Licinio Murena di brogli elettorali. Se avesse vinto la causa, Catilina, terzo in classifica, avrebbe avuto il consolato al posto di Murena. Ma Cicerone non gli dava tregua e assunte le difese di Murena, lo fece assolvere dall'accusa di broglio elettorale. Catilina era fuori dei gangheri, odiava a morte il Console. In Tribunale si schierarono dalla sua parte un certo numero di senatori e cavalieri: altri accoliti riuscì a racimolare in Italia e specialmente in Etruria. Come una furia, Catilina aveva perso ogni controllo, già preparava le liste di proscrizione in cui erano elencati gli aristocratici da eliminare fisicamente.

Cesare e Crasso, che inizialmente avevano favorito il partito di Catilina, quando videro la mala parata e il tipo di congiurati di cui il capo si era circondato, pure essendo contro l'oligarchia senatoriale, si ritirarono dalla congiura. Catilina faceva molto affidamento sull'insoddisfazione dell'Etruria, dove Silla aveva piazzato molti dei suoi legionari come coloni, in premio delle campagne di guerra fatte sotto la sua guida. Spedì in Etruria un vecchio centurione, C. Manlio, che radunò un bel numero di armati. Altri emissari spediva in Umbria, nel Piceno, in Puglia, con l'ordine di racimolare soldati. Questi eserciti così raffazzonati avrebbero dovuto avanzare verso Roma, mentre contemporaneamente i congiurati, in città, avrebbero iniziato azioni terroristiche, incendiando e uccidendo i nemici politici e gli avversari più pericolosi. Secondo le testimonianze di Sallustio e di Plutarco Catilina aveva stretto a sé, in un macabro rituale di sangue, i congiurati, che dovettero bere in una stessa coppa il sangue di un uomo

ucciso di loro mano. Il fatto non è improbabile perché c'era a Roma, in quel tempo, un rito sanguinario importato dall'Asia e dedicato alla Dea Madre, uno dei tanti culti pagani importati a Roma dai vecchi legionari di Silla. Erano molti i culti pagani e le sette religiose che trovavano a Roma nuovi adepti, magari con l'identificazione di qualche vecchia deità romana. Giravano su Catilina voci orribili, di obrobriosi delitti, di incendi, di ricatti, di stragi, di violenze inaudite. Non mancò neanche una 007 al femminile, Fulvia, amante di un congiurato, Quinto Curio, espulso dal Senato per i suoi delitti e i suoi vizi.

Quinto non riusciva a soddisfare i desideri e le ambizioni della sua capricciosa amante, a cui rivelò, per rassicurarla di un avvenire più brillante, tutti i particolari della congiura di Catilina. Fulvia, per scrupolo di coscienza o per averne dei vantaggi economici, spifferò tutto al Console e lo tenne informato delle successive mosse di Catilina.

Il 23 settembre del 63 Cicerone riferì in Senato gli sviluppi della congiura, senza però riuscire ad elettrizzare l'assemblea, di cui una parte era favorevole a Catilina. Un mese dopo Cicerone ricevette a domicilio un pacco di lettere anonime, in cui si preannunciava una imminente serie di tumulti a Roma, durante i quali sarebbero state uccise molte delle personalità di spicco del mondo politico romano. I metodi mafiosi di Catilina erano ormai conosciuti da tutti e pure conosciuti erano i suoi preparativi in Etruria, per racimolare un esercito con cui marciare su Roma. Anche per questo Cesare e Crasso si erano distaccati decisamente, vista l'impopolarità di Catilina, dal suo piano insensato, per farlo fallire prima che un intervento diretto di Pompeo desse a questi l'opportunità di crearsi nuove benemerenze, dopo quella di aver sbaragliato i pirati e aver vinto Mitridate re del Ponto, diventando così una specie di salvatore della patria.

Il 7 novembre del 63 Catilina radunò i congiurati in casa di M. Porcio Leca e annunciò loro che la congiura stava per scattare e che le truppe fuori Roma erano pronte: lui sarebbe partito subito per prenderne il comando. Ma bisognava uccidere immediatamente Cicerone, il maggior nemico dei congiurati. Due di questi si assunsero il compito di assalire la mattina dopo la casa del Console e di ucciderlo. Ma Quinto Curio, il «pentito», fece avvertire subito Cicerone, che provvide a munirsi di un nutrito corpo di guardia, che mandò a monte il disegno criminale di Catilina. Dopo qualche ora Cicerone convocò il Senato e alla presenza dell'impudente Catilina, rivolse contro di lui una violenta requisitoria, che aveva inizio con la famosa frase: «Usque tandem Catilina abuteris patientia nostra?». Fu questa la prima Catilinaria, *che doveva guadagnare a*

Cicerone il nome di «padre della Patria». La congiura fu così stroncata. Catilina, preso in contropiede dalla violenta requisitoria, pronunciata con voce commossa e con tono teatrale dal Console, tentò una imbarazzata autodifesa, dichiarandosi innocente e vittima di una vile calunnia. Sconvolto dalla rabbia, inveì contro Cicerone ingiuriandolo, ma fatto segno di risentiti clamori dall'assemblea, dovette lasciare l'aula con la coda fra le gambe. Quella notte Catilina lasciò Roma, dichiarando di andarsene in esilio a Massilia. In realtà prese la Cassia e si recò ad Arezzo e poi al campo di Manlio, dove prese il comando dell'esercito dell'Etruria.

I congiurati rimasti in città aspettavano che l'esercito di Catilina, in maggior parte racimolato in Etruria, si avvicinasse a Roma, e Catilina aspettava invece che a Roma scoppiasse l'insurrezione. Nel frattempo Cicerone riuscì ad ottenere dal Senato che Catilina fosse dichiarato nemico pubblico. Dei congiurati rimasti a Roma ne furono arrestati cinque, sorpresi con le armi in casa: Lentulo, Cetego, Statilio, Gabinio, Cepario, che furono tutti condannati a morte per alto tradimento, sentenza eseguita nel Carcere Mamertino. Le truppe di Catilina, assalite da nord dal pretore Marcio Re e da sud dal console Antonio, collega di Cicerone, furono sbaragliate e lo stesso Catilina restò ucciso sul campo di battaglia.

Ormai, con le recenti massicce espansioni territoriali, l'organizzazione dello Stato romano non era più adeguata alle sue nuove esigenze politiche e amministrative. La società agricola aristocratica si andava trasformando in una società mercantile e plutocratica. La metamorfosi faceva cambiare radicalmente princìpi e valori morali, che non si basavano più sul costume antico della Repubblica. La corruzione imperversava dall'alto in basso. Le nuove conquiste dell'Impero avevano fatto affluire a Roma immense ricchezze da tutti i Paesi del Mediterraneo: il bottino di guerra, le terre confiscate, i tributi e le tasse imposte ai nuovi sudditi, gli appalti, le attività commerciali di import export, le industrie, le operazioni bancarie appoggiate e favorite da governatori senza scrupoli, esperti in tangenti, convogliavano a Roma enormi ricchezze, tanto grandi quanto ingiustamente distribuite. Di fronte ai nuovi arricchiti, c'erano masse di indigenti, che morivano letteralmente di fame. Sui colli Albani e in Sabina c'erano le sontuose ville dei ricchi, come Pompeo, Clodio, Lucullo, ville vastissime, che facevano scandaloso contrasto con le catapecchie della povera gente, priva dei più elementari mezzi di sussistenza. Le mense dei ricchi ridondavano di cibi esotici, molto costosi, come il famoso «garum», una salsa piccantissima di cui i Romani andavano ghiotti.

Per porre un minimo di argine alla miseria della plebe, lo Stato

provvedeva ogni tanto alle frumentationes, *alla distribuzione gratuita o a prezzo sociale di farro e grano. Così erano richiamate a Roma grandi masse di gente affamata, che non trovando lavoro, per la concorrenza della manodopera servile, ingrossava le file dei nullafacenti, che avevano buon gioco, ad ogni elezione, a fare commercio di voti.*

Proletari e schiavi

La dura legislazione romana contro i debitori, che per saldare il loro debito erano spesso costretti a ridursi in schiavitù, aveva aumentato spaventosamente il numero degli schiavi. Questa enorme massa di scontenti e di diseredati costituiva una riserva di disperati, pronti ad asservirsi al miglior offerente, disposti a seguire le folli imprese di personaggi come Catilina, per reazione allo spettacolo indegno dei lussi e dei bagordi dei nuovi ricchi. Erano affluiti a Roma, come oggi fanno gli extracomunitari, centinaia di migliaia di stranieri, provenienti non solo da tutta Italia, ma da ogni Paese dell'Impero, liberati dalla schiavitù grazie all'istituto della «manomissione», che si praticava a Roma con grande frequenza, dipendendo unicamente dalla volontà e dalla discrezione del «padrone». Subito dopo la «manomissione» lo schiavo diventava libero e contemporaneamente cittadino romano. Ma con la libertà degli schiavi aumentava paurosamente la massa dei disoccupati, che non avevano più una famiglia ricca in cui essere inseriti, risolvendo il problema del vitto e dell'alloggio. Quello della schiavitù cominciava ad essere un poderoso problema di massa. Intanto c'era l'ingente numero dei prigionieri di guerra venduti dopo ogni impresa militare nei floridissimi mercati degli schiavi, dove si vendevano anche i molti prigionieri fatti dai pirati, senza contare la vendita dei figli, abitualmente praticata dalle famiglie povere, la vendita dei bambini abbandonati o «esposti», la vendita di se stessi praticata da chi, suo malgrado, si era indebitato per andare al servizio militare, dovendo comprare armi e bagagli e dovendo abbandonare il suo piccolo pezzo di terra. Strabone, nelle sue Storie, *racconta che a Delo, centro di smistamento del mercato degli schiavi, furono venduti addirittura 10.000 schiavi in un sol giorno. Gli schiavi erano a completa discrezione della famiglia del padrone, anche da un punto di vista giuridico: se si rendevano colpevoli di qualche reato, era il padrone, e non lo Stato, a doverli punire. Alla fine della Repubblica, al tempo di Cicerone, si calcola che ci fossero in Roma circa 200.000 schiavi, che i loro padroni potevano utilizzare come volevano, anche come guardie del corpo e perfino come sicari, per eliminare i loro nemici politici. Le famiglie ricche compravano addirittura qualche gladia-*

tore, esperto nelle armi, per commissionargli qualche delitto eccellente. Silla ad esempio liberò 10.000 schiavi col proponimento di farne dei suoi fedeli accoliti. Così, mentre c'erano schiavi che venivano liberati per i loro meriti o per l'affetto del padrone, come fece Cicerone liberando il suo schiavo Tirone, ce n'erano molti altri, la maggioranza, che venivano liberati per comodità del padrone, che accollava così allo Stato l'onere del loro mantenimento.

La nobiltà

La nobiltà che predominava in Senato era formata dai discendenti delle vecchie famiglie patrizie. Dal tempo dei Gracchi all'uccisione di Cesare nel 44 a.C. il Senato fu monopolio di 28 famiglie nobili, quasi tutte imparentate fra loro per via di matrimoni consanguinei. Ma anche le famiglie nobili più legate alla gloriosa tradizione aristocratica risentivano della trasformazione della Repubblica. Per mantenersi alla pari con le nuove famiglie bisognava procacciarsi fiumi di danaro, necessario per soddisfare le esigenze dei molti clientes *e dei sostenitori elettorali, per offrire spettacoli circensi al popolo sempre avido di divertimenti. L'unica fonte di forti guadagni era stata fino ad allora la proprietà terriera, ma le varie leggi agrarie, che assegnavano terre ai veterani, avevano assottigliato i latifondi più grandi, che del resto non rendevano più molto come prima. Bisognava perciò procacciarsi denaro buttandosi in politica, arraffare qualche redditizia carica pubblica, una nomina a governatore di qualche ricca provincia, o ottenere il comando di un'importante spedizione militare, che garantiva ricchi guadagni con la raccolta del bottino di guerra. E poi c'erano le tangenti ricavate dai fornitori e dagli appalti dello Stato, le «protezioni» a principi stranieri, che pagavano il «pizzo» ai funzionari romani. Di soldi, per fare politica, ce ne volevano molti e ne sapeva qualcosa Cesare, che essendo così ambizioso, spendeva danaro a fiumi caricandosi di debiti, con una buona prospettiva di successo nella sua corsa al potere.*

In questo generale degrado dei costumi antichi, in questo abbandono dell'austerità repubblicana, anche la donna romana, fattasi più evoluta, più moderna, prese la strada della corruzione, del lusso sfrenato, della prostituzione. Nelle classi più agiate aumentarono le separazioni e i divorzi, la donna non era più attaccata alle antiche virtù domestiche ma si sentiva emancipata, più libera, più sfrenata nel saziare i suoi capricci, le sue passioni. Anche l'istituto della famiglia si andava sfaldando. I personaggi di spicco del tempo di Cicerone ebbero tutti più mogli, a cominciare da Catilina, che ne ebbe cinque: quattro ne ebbe Pompeo e quattro Cesare.

Pompeo

Roma, nel 62 a.C., si preparava ad accogliere Pompeo di ritorno dalle sue campagne militari in Oriente, cinque anni di operazioni belliche, in cui liberò il Mare Nostrum *dalla peste dei pirati e sottomise Mitridate re del Ponto, conquistando e assoggettando all'Impero di Roma nuove ricchissime province. Un generale che tornava a Roma dopo tante vittorie e tante conquiste, alla testa del suo esercito, era una bella incognita e i suoi fedeli legionari, dopo aver servito Roma in tante campagne di guerra, si aspettavano regalie e assegnazioni di terre. Crasso, i cui rapporti con Pompeo non erano dei migliori, si allontanò da Roma per salvaguardare i suoi immensi capitali e i suoi enormi interessi finanziari. Si temeva a Roma, da parte di Pompeo, un colpo di Stato, che avrebbe messo a profitto, a suo favore, l'inettitudine dell'oligarchia senatoriale e la debolezza del partito popolare. Ormai le istituzioni repubblicane erano inadeguate, insufficienti a sostenere il peso di uno Stato così ingrandito. Ma Pompeo non se la sentì di fare il gran passo, di approfittare della situazione, per costituire l'Impero. Pensò probabilmente che la stessa congiura di Catilina aveva fatto fiasco grazie alla saldezza dei rapporti fra senatori e cavalieri: la Repubblica, pur se vacillante e compromessa, si reggeva ancora in piedi. L'esercito di Pompeo, sbarcato a Brindisi alla fine del 62 a.C., fu congedato e depose tranquillamente le armi, mentre il grande generale vincitore venne a Roma accompagnato unicamente dalla sua coorte di legionari. Il suo comportamento fu preso piuttosto come debolezza che come lealtà verso Roma. A nulla valsero la gloria guerresca del generale, il suo ascendente e il suo prestigio nei confronti dei popoli dell'Oriente da lui sottomessi, né le enormi ricchezze incamerate dall'Erario pubblico. Pompeo, in deroga alla costituzione di Silla, che imponeva un intervallo di 10 anni fra un consolato e l'altro, richiese al Senato di poter presentare la propria candidatura a un secondo consolato, ma la richiesta fu respinta, come fu respinta la richiesta di distribuzione delle terre demaniali a quarantamila veterani, che Pompeo aveva riportato dalle operazioni militari in Oriente.*

Intanto Cicerone passava i suoi guai per via della repressione della congiura di Catilina, culminata con l'esecuzione della condanna a morte dei cinque congiurati. Non gli giovò accostarsi al partito di Pompeo, appoggiando la legge agraria da lui proposta nel 60 a nome del tribuno Flavio. Non gli bastò difendersi davanti al Senato con un panegirico sulla sua opera di console. Cesare, prima di partire per la Gallia riuscì a sbarazzarsi di lui per mezzo di Clodio, nemico giurato di Cicerone, passato al partito popolare ed eletto tribuno con l'appoggio di Cesare e Pompeo. Clodio, nel 58,

avanzò una rogazione con cui veniva decretata, con validità retroattiva, la condanna all'esilio per chi avesse fatto giustiziare un cittadino romano senza un regolare processo. Il Senato cercò di salvare Cicerone dall'esilio, ma non ci fu niente da fare, pure essendo stata legale la condanna di Catilina, mentre era illegale, per la Legge Sempronia, la pena dell'esilio, considerata la più grave che potesse essere comminata a un cittadino romano.

Nel 57 però, un decreto dei Comizi Centuriati richiamò dall'esilio in Grecia Cicerone, che fece un ritorno trionfale a Roma, dove ormai imperava la violenza e il disordine: le bande armate di Clodio si scontravano quotidianamente con quelle di Milone. A Cicerone, durante l'esilio, era stato sequestrato il terreno della sua casa con il pretesto di un vincolo religioso fattovi imporre da Clodio per consacrarvi un tempio della Libertà. E siccome il Senato non voleva accordare il pagamento dei danni, Cicerone pronunciò la famosa orazione Cicero pro domo sua, *il cui ricordo è rimasto nei modi di dire della lingua italiana.*

Cesare era stato eletto console per l'anno 59 a.C. ed aveva fatto approvare una legge agraria che favoriva i veterani con l'assegnazione delle terre demaniali. Ottenne quindi per sé, per un periodo di cinque anni, le province della Gallia Cisalpina, dell'Illirico e della Gallia Narbonense. Appena Cesare parte da Roma, la città viene travolta dall'anarchia e dalle fazioni politiche, che neanche Pompeo, Cicerone e Catone riescono a tenere a freno. Cesare allora propone un incontro a Lucca (56): i tre del primo triunvirato, formatosi nel 60, ritrovano l'accordo. Pompeo, Cesare e Crasso stabiliscono di procurarsi, con un decreto del popolo, il governo delle province speciali: a Cesare andrà la Gallia, a Pompeo la Spagna e a Crasso la Siria. L'anno dopo il consolato è retto da Pompeo e Crasso, ma nonostante gli accordi presi il patto tra i triunviri viene meno. Nel 53 Crasso muore ucciso dai Parti a Carre e Pompeo rimasto solo a Roma, approfittando della lontananza di Cesare, si avvicina al Senato, che lo nomina nel 52 Consul sine Collega, *per ristabilire l'ordine pubblico nella città, sconvolta dalla lotta fra le bande mercenarie di Clodio e di Milone.*

Il Senato, istigato da Pompeo, intima a Cesare di deporre la carica: è la guerra civile (49-46 a.C.). Cesare, senza porre indugio, passa il Rubicone e marcia con tutto l'esercito su Roma. Pompeo, insieme a parte dei senatori, si rifugia in Grecia.

Mentre Pompeo tentava di riorganizzare le cinque legioni che era riuscito a trasportare a Durazzo, Cesare cercò di garantirsi il possesso dell'Italia, sequestrò il tesoro dello Stato, e allacciò elaborate trattative con Cicerone, per garantirsene l'appoggio. Certo Pompeo

non si aspettava che le cose precipitassero a quel modo e che Cesare potesse così fulmineamente impadronirsi della situazione.

In Spagna c'erano due generali pompeiani, Afranio e Petreio, asserragliati nella fortezza di Ilerda, a nord dell'Ebro. Cesare, lasciata una parte delle sue truppe a Marsiglia, al comando di Trebonio, per cingere d'assedio la città, marciò contro Ilerda, preceduto da Fabio e assaltò la fortezza avversaria. I due comandanti pompeiani si arresero e deposero le armi. Conquistata la Spagna Cesare passa in Epiro dove, a Farsalo, sconfigge Pompeo, che pure aveva un esercito superiore per numero a quello di Cesare. Nel vicino Oriente Pompeo aveva ordinato, facendo capo a Durazzo, un imponente esercito, con una forte cavalleria e una flotta di oltre 500 navi, con cui poteva garantirsi la supremazia per mare. Cesare, in pieno inverno, attraversò l'Adriatico a bordo di una scarsa flotta, che gli permise il trasporto soltanto di metà del suo esercito, e il 6 novembre del 49 sbarcò a Paleste, puntando su Durazzo. Pompeo, sorpreso dalla rapidità dell'operazione, riuscì a stento a difendere la piazzaforte. Ma il resto dell'esercito di Cesare, per il blocco navale dei pompeiani, non poté essere trasportato e solo dopo tre mesi Marco Antonio, alleato di Cesare, riuscì con la sua abilità e il suo ardire a fare attraversare l'Adriatico al resto dell'esercito di Cesare, che appena ebbe a disposizione tutte le truppe, investì in pieno la fortezza di Durazzo. Ma Pompeo, grazie alla spiata di due disertori Galli, riuscì a sganciarsi e a rompere l'assedio (maggio 48). Pompeo si teneva a distanza dal nemico, senza osare di sfidarlo a battaglia. Alla fine, spinto dai suoi luogotenenti e da Labieno, cesariano rinnegato, che odiava Cesare, il 9 agosto del 48, sui campi di Farsaglia, attaccò combattimento contro Cesare, che lo sconfisse clamorosamente.

Le truppe di Pompeo si arresero e Pompeo riuscì a fuggire, lasciando prigionieri 20.000 soldati. Direttosi alla volta dell'Egitto, per rifugiarsi alla corte del re Tolomeo Dioniso, al cui padre aveva reso grandi favori, Pompeo venne proditoriamente assassinato dai consiglieri del re, per ingraziarsi Cesare. Dopo la vittoria di Farsalo Cesare insegue Pompeo in Egitto, per catturarlo, ma qui apprende la triste fine del grande generale e ordina che gli sia concessa una degna sepoltura. Pompeo era stato il paladino del Senato, si era opposto con tutte le forze all'ascesa di Cesare, che voleva instaurare la dittatura, assumendo tutto il potere, politico e militare. Pompeo era l'unico oppositore di rilievo, insieme a Cicerone, che contrastava le mire dittatoriali di Cesare. Cesare, rimasto in Egitto, ne approfitta per intromettersi nella successione dinastica, fra Tolomeo, già riconosciuto re, e sua sorella Cleopatra, che pretende, essendo maggiore di età, di governare da sola la sua parte di regno. La popolazione,

irritata per questa intromissione in favore di Cleopatra, prende d'assalto il palazzo regio di Alessandria incendiandone la biblioteca. Cesare, dopo aver bruciato la flotta egiziana, si salva rifugiandosi nell'isola di Faro, dove si fortifica e resta assediato tutto un inverno. Appena giungono i soccorsi dall'Asia Cesare sconfigge gli Egiziani sul Nilo e al posto di Tolomeo, morto annegato durante la fuga, insedia sul trono Cleopatra (47). Commette però l'errore di restare troppo in Egitto fra le braccia di Cleopatra, dando così modo ai pompeiani di riorganizzarsi e a Farnace, re del Bosforo e figlio di Mitridate, di invadere l'Armenia minore, assegnata da Pompeo al re di Cappadocia. Dopo una brevissima campagna militare conclusasi con la vittoria di Zela (47) su Farnace (da questa battaglia deriva il motto cesariano «Veni, vidi, vici»*), Cesare ritorna a Roma, dove reprime i tumulti che Marco Antonio,* magister equitum, *non era stato capace di sedare, ristabilisce l'ordine, ma senza ricorrere alle famigerate* «proscrizioni», *e si precipita in Africa dove i pompeiani stanno riunendo grandi forze. A Tapso i pompeiani vengono completamente sconfitti e i capi ribelli, sopravvissuti alla battaglia, preferiscono suicidarsi piuttosto che cadere nelle mani del dittatore. Anche Catone detto Uticense si toglie la vita, per non dover sottostare alla dittatura. Riorganizzata la colonia d'Africa mediante l'annessione dei territori sottratti al re di Numidia, Cesare torna a Roma, dove festeggia il trionfo e viene nominato dittatore per dieci anni. Ma la pace viene di nuovo turbata in Spagna dai due figli superstiti di Pompeo, Gneo e Sesto, che hanno organizzato un forte esercito contro Cesare e si preparano a muovergli guerra. Anche questa volta Cesare parte deciso all'attacco e in ventisette giorni raggiunge Munda dove sono accampati i nemici e li sconfigge ponendo fine alla guerra civile (45). Ritornato a Roma può finalmente dedicarsi alle riforme in parte ispirate a quelle di Caio Gracco e di Silla: ampliamento del Senato da 600 a 900 membri, riordinamento dei governi provinciali, romanizzazione delle province mediante l'invio di 80.000 cittadini romani nelle colonie fuori d'Italia, estensione del diritto di cittadinanza romana, organizzazione dei municipi italici, sviluppo del commercio e dell'agricoltura (prosciugamento delle Paludi Pontine), costruzione di grandi opere pubbliche (Basilica Giulia), riforma del calendario (l'anno bisestile), impulso alla vita culturale, fondazione di biblioteche. Ma tutta questa concentrazione di poteri (dittatore a vita, console per dieci anni, capo supremo dell'esercito, Pontefice Massimo, detentore a vita della* tribunicia potestas *e* praefectus morum) *mette in allarme molta gente del ceto patrizio e di quello plebeo, e da questo malcontento prende spunto la congiura senatoria, che vuole ripristinare la vecchia costituzione repubblicana e il predominio del Senato nella vita pub-*

blica. Gli furono decretati quattro trionfi: per la Gallia, per l'Egitto, per la Spagna, per l'Africa. Per i quattro trionfi gli furono assegnati ben 72 littòri. Inoltre gli fu decretata una statua di bronzo sul Campidoglio, che secondo la concezione orientale della monarchia, sul modello ellenistico, lo rappresentava come un semidio, proprio lì, davanti al tempio di Giove: come un idolo, pieno di fronzoli e di ornamenti. Il 15 febbraio del 44 Marco Antonio cercò di offrirgli nella Curia il diadema da re, che Cesare rifiutò platealmente.

Il 15 marzo suona l'ora della morte.

L'abbigliamento di Cesare era quello di un monarca orientale. Aveva una toga purpurea e, secondo l'uso dei re albani, scarpe rosse. Così pomposamente paludato, pareva un dio in terra. Aveva fatto venire Cleopatra dall'Egitto, per dimostrare l'universalità dell'Impero di Roma. I congiurati, appartenenti quasi tutti alla nobiltà, erano armati di pugnale sotto la toga. Dovevano avvicinarsi a Cesare, mentre entrava nella Curia, antistante il teatro di Pompeo. Cesare fu raggiunto da 23 pugnalate e subito dopo la sua uccisione Bruto alzò il pugnale insanguinato e gridò il nome di Cicerone, come per congratularsi con lui della riacquistata libertà. Cicerone insomma era nell'occhio del ciclone, i congiurati lo consideravano uno dei loro, forse il più sincero e devoto difensore della Repubblica e della democrazia. Due giorni dopo in Senato, Cicerone sostenne la proposta di Antonio di stringere un patto fra cesariani e congiurati, che prevedesse un'amnistia per questi ultimi e da parte loro un riconoscimento dell'opera di Cesare. Ma il famoso discorso di Antonio sul cadavere di Cesare, in cui venivano rievocati con voce commossa i sentimenti e le azioni del morto, e i disordini seguiti al funerale durante i quali furono date alle fiamme le case dei congiurati, spinsero Cicerone e questi ultimi ad abbandonare frettolosamente Roma. Il 7 aprile Cicerone, dalla villa suburbana di Mazio, amico di Cesare, che lo aveva ospitato, scrive una lettera ad Attico (Ad Att. XIV, 1,1) in cui solleva forti dubbi sulla possibilità che qualcuno riesca a risolvere la difficile situazione politica, a cui Cesare stesso non aveva saputo dare una soluzione. Ma si consola all'idea che le idi di marzo abbiano significato qualcosa di buono. Però alla fine di maggio confessa, sempre ad Attico (Ad Att. XV, 4,3), che forse la morte di Cesare aveva portato a Roma più male che bene.

In luglio, essendo ormai evidente che la situazione sarebbe esplosa ed avrebbe portato a una guerra civile, Cicerone si allontana da Roma per paura di essere raggiunto da qualche sicario.

In Calabria, dove si era rifugiato, gli arrivò la notizia di un certo miglioramento della situazione e così si decise a tornare ancora a Roma. In Senato l'aria scottava. Cicerone pronunciò la prima «fi-

lippica» contro Antonio, attaccandolo direttamente: spiegò così i motivi della sua partenza improvvisa e del suo ritorno a Roma. Dopo qualche giorno pronunciò la seconda «filippica» contro Antonio, la «regina delle filippiche», in cui si difendeva dalle sue accuse contro tutta l'attività politica portata avanti da lui, Cicerone. Nella «filippica» venivano denunciate le magagne e le colpe di Antonio nei confronti della guerra civile: era accusato di concussione e di corruzione.

Ormai la fine di Cicerone, il grande avvocato, è segnata. Nasce nel 43 il secondo triunvirato fra Gaio Giulio Cesare Ottaviano, Marco Antonio e Emilio Lepido. Dopo due guerre civili, quella di Mario contro Silla e quella di Cesare contro Pompeo, le leggi della Repubblica erano stravolte. Gli orrori della guerra civile e delle proscrizioni avevano esacerbato gli animi. Bruto e Cassio avevano sperato che il popolo si sarebbe schierato dalla loro parte, dalla parte di chi aveva voluto difendere la libertà con l'uccisione di Cesare. Invece si schierò dalla parte di Marco Antonio e di Emilio Lepido, i due generali rimasti fedeli a Cesare. Il diciannovenne Cesare Ottaviano, pronipote e figlio adottivo di Cesare, non si trovò subito in accordo con Marco Antonio ed Emilio Lepido, anzi all'inizio la rivalità con Marco Antonio fu molto forte. Ma la situazione politica molto difficile spinse i tre a formare il nuovo triunvirato. Vengono così redatte le «liste di proscrizione» che instaurano in Roma un periodo del terrore. Vengono mandati a morte 300 senatori e 2000 cavalieri, tra cui, dietro istigazione della moglie di Marco Antonio, Fulvia, anche Cicerone, che il 7 dicembre del 43 viene sorpreso dai sicari di Antonio nella sua villa di Formia. Le proscrizioni non risparmiano nessuno degli avversari politici. La esecuzione di Cicerone fu un macabro spettacolo. Morì decapitato e la moglie di Marco Antonio, Fulvia, che ce l'aveva a morte con l'Avvocato per le sue roventi «filippiche» contro il marito, impossessatasi della testa mozza di Cicerone, ne tirò fuori la lingua, che tante volte aveva parlato contro Marco Antonio, e la trapassò più volte con uno spillone per i capelli.

BARTOLOMEO ROSSETTI

Bibliografia

Fra le opere più importanti di Cicerone c'è il ricchissimo epistolario: 16 libri di lettere ad Attico, l'amico carissimo e inseparabile, 16 libri di lettere *ad Familiares*, un libro di lettere a Bruto e 3 libri di lettere al fratello Quinto: in tutto ben 774 lettere!

L'epistolario di Cicerone è da considerarsi il documento in assoluto più importante e più insostituibile della storia di Roma nel periodo che va dal 61, inizio dell'epistolario ad Attico, al 44, data della morte di Cesare. Del 49 a.C., anno del consolato di Cesare e del primo triunvirato di Cesare, Pompeo e Crasso, sono le lettere del II libro, che documentano vivamente la situazione politica di quegli anni. I libri dal VII al X, che comprendono una sessantina di lettere, vanno dal 50 al 49 e sono una insostituibile testimonianza, vissuta si può dire giorno per giorno, dello stato d'animo di Cicerone di fronte alla imminente guerra civile. Insomma le lettere ad Attico sono una specie di diario, seguono puntualmente le vicende politiche di Roma fino alla morte di Cesare, testimoniando le speranze e le delusioni di Cicerone nell'assistere «in diretta» alla lotta fra Cesare e Pompeo e alle conseguenze inevitabili di quella lotta. Ma non solo da un punto di vista storico le lettere ad Attico hanno una grande importanza, bensì anche da un punto di vista culturale e psicologico. Nelle lettere ad Attico vengono messe in risalto le qualità, le paure, le indecisioni, i difetti di Cicerone, sia come uomo, che come scrittore, uno scrittore agile ed elegante, acuto e fine osservatore di avvenimenti politici e sociali di enorme portata storica. L'epistolario ad Attico fu conservato nell'archivio di quest'ultimo, che raccolse la preziosa corrispondenza con la pignoleria del collezionista. Le lettere poi furono pubblicate, secondo la testimonianza di Cornelio Nepote, dopo la morte di Attico, secondo l'ordine cronologico in cui erano state spedite. Dell'epistolario *ad Familiares* tre libri occupano le lettere al fratello Quinto, quando era proquestore in Asia: le lettere del I libro sono un vero e proprio trattato sul modo di amministrare una Provincia, con tutti i particolari e gli accorgimenti da adottare nei vari casi. Gli altri due libri comprendono le lettere scritte da Cicerone al fratello quando era legato di Cesare in Gallia, quasi a fargli da mallevadore presso il futuro dittatore. L'epistolario *ad Familiares*, specialmente il V libro, contiene testimonianze di grande importanza, vissute in prima persona da Cicerone. La lettera 9 del I libro è un dettagliato resoconto dell'attività politica di Cicerone dopo il suo ritorno dall'esilio in Grecia. Le lettere dal X al XII libro ci presentano un Cicerone impegnato nell'accanita lotta contro Antonio, suo mortale nemico politico. Dal IV al VI libro l'epistolario ci presenta Cicerone in un'opera di intermediazione fra Cesare e gli esuli repubblicani, che erano fuggiti da Roma per evitare guai. Molte lettere, quelle del XIV libro, sono dirette alla moglie Terenzia, mentre le lettere del XVI libro sono dirette a Tirone, suo fedele segretario. Il libro VIII raccoglie lettere di Celio, che aggiornava Cicerone sugli avvenimenti di Roma al tempo del suo proconsolato in Cilicia, una cronaca politica e mondana di cui senza quelle lettere non avremmo avuto notizia. Altre lettere sono quelle di Catone l'Uticense, di Asinio

Pollione, di Cassio, che ci danno un quadro della vita politica, letteraria e artistica della Roma sulla fine della Repubblica, documenti unici, rari, insostituibili di quel periodo e di quei grandi personaggi. Preziosa è pure la corrispondenza fra Cicerone e Bruto nel 43, dopo la uccisione di Cesare. In una lettera di Bruto ad Attico ci viene rivelata chiaramente la diversa posizione politica e spirituale fra Bruto e Cicerone riguardo alla morte di Cesare.

Le orazioni

Di Cicerone ci sono rimaste 58 orazioni, di cui alcune frammentarie. Di altre 48 orazioni ci è rimasta notizia, fra cui 17 frammenti. La documentazione scritta delle orazioni di Cicerone, che usava in aula una specie di stenografo, presenta delle differenze fra i discorsi come effettivamente vennero tenuti in tribunale e la stesura definitiva per la pubblicazione, a cui provvedeva, verosimilmente, l'amico Attico. Cicerone stesso parla di alcune modifiche al testo originario (*Ad Att.*, I, 13,5). Egli usava redigere in un discorso unitario discorsi pronunciati in momenti diversi del dibattimento, come nell'orazione *In Catilinam* IV e in *Pro Caelio*.

Fra le orazioni politiche vanno ricordate la terza orazione contro la Legge Agraria, la I e la II Catilinaria, l'*Oratio pro domo sua ad pontifices*, scritta dopo il suo ritorno dall'esilio in Grecia, la seconda «filippica» contro Marco Antonio, la *Pro Marcello*.

Delle orazioni prevalentemente giudiziarie, ma di un certo sapore letterario, vanno ricordate le *Pro Cluentio* del 66 a.C., sotto certi aspetti paragonabili a un romanzo, la *Pro Archia* del 62, in cui Cicerone prende lo spunto da una richiesta di diritto di cittadinanza romana per fare sfoggio di cultura umanistica, portando ad esempio di imperante cultura greca un poeta secondario come Archia.

Un'orazione piena di verve, brillante e spiritosa è la *Pro Murena* del 62, in cui l'Avvocato difende il Console designato per il 62, Murena, dall'accusa di broglio elettorale, mossagli da M. Sulpicio Rufo, prendendo sottilmente in giro l'austero Catone, avvocato dell'accusa, oggi diremmo pubblico ministero. La *Pro Caelio*, del 56, è un gustoso quadretto di costume, una spigliata e divertente difesa di un giovane avvocato e uomo politico, ex amante della famosa Lesbia, di cui fu innamorato Catullo, la quale, per vendicarsi di essere stata abbandonata, lo aveva accusato di tentato veneficio. E Cicerone, contrattaccando, aveva trasformato l'orazione di difesa in una dura requisitoria contro la condotta scandalosa di Clodia, chiamata Lesbia da Catullo.

Al processo di Milone, che come Clodio era stato capo di una banda armata fomentatrice di disordini, Pompeo aveva impiegato in tribunale un eccessivo spiegamento di forze, che aveva impressionato Cicerone, condizionandolo nel pronunciare l'orazione di difesa, così come l'aveva preparata, piena di carica retorica. Così la *Pro Milone* risultò un fiasco e Cicerone perse la causa. E Milone da Marsiglia, dove era stato mandato in esilio, disse che se Cicerone avesse pronunciato in tribunale l'arringa, così come era stata poi pubblicata, lui certo sarebbe stato assolto.

Verso il 50 d.C. delle orazioni di Cicerone fu fatto dall'erudito Q.Asconio Pediano un commento, che comprendeva notizie storiche e giuridiche inedite per noi. Del commento è stata tramandata fino a noi solo una parte riguardante cinque orazioni: *Contra L.Pisonem*, *Pro Scauro*, *Pro Milone*, *Pro Cornelio* e *In toga candida*, di cui due solo in frammenti.

Le opere retoriche

Nell'86 a.C., a venti anni, Cicerone scrisse due «Libri Rhetorici» dal titolo *De Inventione*, in cui dichiarava il suo eclettismo politico e letterario.

Nel 55, a 51 anni, all'apice della sua brillante professione di oratore, scrisse *De Oratore*, in tre libri, sotto forma di dialogo fra i due grandi maestri di retorica della sua giovinezza, L. Licinio Crasso e M. Antonio. L'azione era immaginata nella villa di Crasso, al tempo dei Ludi Romani del 91, quando Cicerone aveva 15 anni e andava a scuola di retorica. Il dialogo avveniva alla presenza di altri oratori contemporanei, che discutevano brillantemente di retorica e di eloquenza, specifiche discipline degli avvocati. Mentre Crasso afferma nel dialogo del primo giorno che è un vero oratore solo chi sa parlare con arte di qualsiasi argomento, Antonio sostiene, da uomo pratico e incredulo, che per vincere una causa non c'è bisogno di tanti virtuosismi letterari ed artistici. Il giorno dopo (quasi un Decamerone *ante litteram*) si parla dei mezzi strumentali della retorica: l'*inventio*, la *dispositio*, l'*elocutio*, la *memoria*, la *pronunciatio*, che sono dichiarati secondari nei confronti della cultura universale. Si riafferma la necessità della cultura unitaria, che sanzioni l'identificazione della filosofia con la retorica, dell'arte del pensare con l'arte del dire. Il *De Oratore*, specialmente il I libro, è fra le opere più mature di Cicerone.

Nel 46, con il *Brutus*, Cicerone tornò sul tema del *De Oratore*, dando una panoramica storica della arte retorica romana, e indicando agli «atticisti», esaltatori dell'eloquenza ateniese, come l'eloquenza romana fosse arrivata al suo apice rispetto alla cosiddetta oratoria attica. E questo apice era appunto Cicerone, a parte la solita modestia! Insomma, il *Brutus* è la conferma della validità della legge indicata dal *De Oratore*: la perfetta eloquenza necessita di una profonda esperienza culturale. Cicerone, mentre esalta la modernità della sua oratoria, esalta pure la semplicità e la essenzialità dell'arte retorica antica. Vengono così presentati i personaggi più famosi e più significativi dell'arte retorica: Catone, Scipione, Celio, i Gracchi, Antonio, Crasso, e Ortensio, degno rivale di Cicerone. Il discorso cade sul pubblico: se si debba tener conto, nel giudicare un oratore, del giudizio del popolo oppure no. E Cicerone conclude che l'oratore che non sa agganciare l'attenzione dell'uditorio, non è un grande oratore!

Ancora del 46 è l'ultima opera retorica di Cicerone, di notevole importanza, l'*Orator ad Marcum Brutum*, anche questa sulla direttiva ideale del *De Oratore* e del *Brutus*, ma è la meno riuscita delle opere retoriche. Vi si afferma che si può dire un grande oratore non chi sa parlare con arte su ogni tema, ma chi sa usare tutte le intonazioni e tutti gli stili retorici.

Nell'*Orator* sono indicate le leggi fondamentali della retorica, a cominciare dal ritmo, ispirato all'andamento ritmico della prosa. Secondo Cicerone il periodo del discorso così com'è strutturato nell'orazione, è suddiviso in quattro *membra*. Il ritmo più breve è l'*incisum*. L'orazione ideale, quando il ritmo deve essere più rapido ed efficace, deve scambiare fra loro i periodi, scandendoli e alternandoli con i *membra* e con gli *incisa*. Quindi la ritmicità dell'orazione scaturisce dalla calibrata armonia delle varie sue parti. Fanno parte del ritmo, oltre i *membra* e gli *incisa*, articolati con sensibilità musicale dall'oratore, anche le *clausolae*, cioè le «chiuse», le ultime sillabe delle parole, specialmente la *clausola* che chiude l'ultima parola del periodo. E qui le leggi del ritmo retorico si accostano alle leggi della metrica, la metrica latina, quantitativa, musicale. La poesia latina era sempre cantata, non «recitata», quindi si basava sul ritmo musicale. Ma Cicerone sconsiglia di inserire dei versi nell'orazione, proprio perché il ritmo poetico musicale poteva dare al discorso un intercalare cantilenante. Nell'*Orator* Cicerone parla anche dello «stile» retorico, che può andare dallo «stile semplice» o dimesso, allo «stile medio», allo «stile grave» o solenne, a seconda dell'argomento e dello stato emotivo dell'uditorio. Importante per lui era la scelta dei «piedi», cioè dalle varie forme metriche basate sul «piede», il ritmo della danza, che poteva essere il «giambo», il «dattilo» (da paragonare al ritmo del nostro valzer), il «trocheo», il «peàna».

Le opere filosofiche

La prima opera filosofica di Cicerone fu il *De Republica*, del 54 a.C. Dell'interessante trattato, ci è giunta una parte del VI libro che va sotto il nome di «Somnium Scipionis» e i frammenti scoperti dall'umanista Angelo Mai in un palinsesto della Biblioteca Vaticana (1822).

Cicerone immagina che il dialogo si svolga 75 anni prima, nel 129 a.C., nella villa di Scipione Emiliano, dove il padrone di casa, insieme a C. Lelio, L. Furio Filo, Q. Muzio Scevola l'augure ed altri personaggi discutono della migliore forma di governo. In un primo momento Cicerone aveva immaginato la discussione come avvenuta fra lui e il fratello Quinto, ma poi ci aveva ripensato e la immaginò come svoltasi fra i personaggi del famoso «circolo degli Scipioni», suoi maestri ideali, rappresentanti del rimpianto tempo antico, anche se non molto distanti dai suoi giorni. L'argomento principale è la giustizia come fondamento dello Stato, affermata da Lelio e negata da Filo: la discussione verte sulla migliore forma di governo, che risulta essere quella «mista», divisa fra la monarchia, l'oligarchia e la democrazia. Ma obiettano i partecipanti alla discussione che l'equilibrio fra le tre forme di governo potrebbe rompersi e per ristabilirlo sarebbe necessario una specie di potere personale, provvisorio, il potere del *Princeps*. Questo era, nella concezione di Cicerone, più che un dittatore, un regolatore dello Stato, politico e morale, in cui sembrano sovrapporsi o contrapporsi le caratteristiche di Cesare e di Pompeo, i due rivali. Il trattato si chiude come il *De Republica* di Platone, con un sogno, il «Somnium Scipionis», in cui Scipione l'Emiliano apprende dal suo grande avo, Scipione l'Africano, le ricompense che avranno nell'al di là coloro che sono benemeriti della patria. Le analogie con il *De Republica* di Platone fanno pensare che Cicerone abbia voluto imitare il modello greco, secondo la moda dell'epoca.

Dopo il *De Republica*, Cicerone scrisse il *De Legibus*, in cui si rifà alle norme del diritto naturale, favorendo così l'opera di Pompeo che voleva introdurre nella realtà delle leggi un maggior ordine e una maggiore giustizia.

Nel II e nel III libro del *De Legibus* c'è un tentativo di imitare l'enunciazione delle antiche leggi, le leggi arcaiche; ancora nel III libro c'è la pacata risposta alla critica mossagli dal fratello Quinto contro la restaurazione del tribunato. L'opera rimase interrotta al III libro.

Nella primavera del 46, due anni prima della morte di Cesare, Cicerone, scrive i *Paradoxa Stoicorum*, un'operetta sulle principali regole morali degli stoici.

Dopo la morte della carissima figlia Tullia, Cicerone cominciò a scrivere dei trattati di filosofia greca, gli *Academica*, pubblicati in due edizioni, di cui sono arrivati fino a noi il II libro della prima edizione e il I della seconda, in pochi frammenti.

Nel II libro Cicerone difende, contro Lucullo, la filosofia scettica della nuova Accademia: un acceso dibattito sulla filosofia antica. Nel 45 Cicerone scrisse 5 libri del *De finibus bonorum et malorum*, sul problema filosofico del bene e del male, a cui seguirono i libri *De Natura Deorum*, in cui Cicerone si professa scettico e controbatte le idee epicuree, stoiche e peripatetiche. Fra queste ultime due opere scrisse i 5 libri delle *Tusculanarum Disputationum*, sui dogmi della teologia, della fisica e dell'etica. Nelle Tuscolane, Cicerone esalta la superiorità dello spirito sulla morte e sulle passioni.

Del 44, l'anno della morte di Cesare, sono il *Cato Maior-de Senectute*, il *Laelius-de Amicitia* e il *De Officis*, senza contare, fra il Catone e il Lelio, il *De divinatione* e il *De fato*. Nell'uno è riassunto un sommario della sua produzione filosofica, nell'altro sono raccolte curiose informazioni e notizie sulla superstizione a Roma, essendo i romani, fino da allora ed anche molto prima, dal tempo di Romolo, molto superstiziosi.

Ma certamente il *Cato Maior*, in cui viene idealizzata una grande figura di ro-

mano, Catone il Censore (*Maior* per distinguerlo da Catone Uticense, contemporaneo di Cicerone) è l'opera più sincera e più artisticamente valida di Cicerone.

B.R.

Edizioni critiche

N. MADVIG, Copenaghen 1835.
SEYFFERT MORITZ, Brandenburg, Müller 1844.
K. SIMBECK, Leipzig 1917.
I. BASSI, Torino 1920.
L. LAURAND, Paris 1928.
W.A. FALCONER, London, Heinemann 1953.
P. VENINI, Torino 1959.
R. COMBÈS, Paris 1971.
P. FEDELI, Firenze 1971.

Traduzioni italiane

Catone Maggiore: Della vecchiezza. Lelio: Dell'amicizia, D. ARFELLI, Bologna 1958.
La vecchiezza. L'amicizia, G. PACITTI, Milano 1965.
L'amicizia, C. SAGGIO, Milano 1985.
Lelio, l'amicizia, N. FLOCCHINI, Milano 1987.
L'amicizia, E.M. GIGLIOZZI, Newton Compton, Roma 1994[2].

Studi e saggi su Cicerone

H.A.K. HUNT, *The Humanism of Cicero*, Melbourne 1954.
E. LEPORE, *Il princeps ciceroniano e gli ideali politici della tarda repubblica*, Napoli 1954.
K. BRINGMANN, *Untersuchungen zum späten Cicero* (Hypomnemata, Heft 29), Göttingen 1971.
K. KUMANIECKI, *Cicerone e la crisi della repubblica romana*, trad. it. Roma 1972.
S.L. UTCENKO, *Cicerone e il suo tempo*, trad. it. Roma 1975.
A. GRILLI, «A proposito del concetto di filosofia in Cicerone», in *Latomus*, XLV, 1986, pp. 855-860.
G. BOISSIER, *Cicerone e i suoi amici. Studio sulla società romana al tempo di Cesare*, trad. it. e note di C. Saggio, Milano 1988.
M. FUHRMANN, *Cicero und die römische Republik. Eine Biographie*, München-Zürich, Arthemis, 1989.

Studi e saggi sul *Cato Maior*

J. SCHROETER, *De Ciceronis Catone Maiore*, Weiden 1911.
H. KROEGER, *De Ciceronis in Catone Maiore auctoribus*, Rostock 1912.
K. MÜNSCHER, «Xenophon in der griechisch-römischen Literatur», in *Philologus*, Suppl.-Bd. XIII, 2, 1920.
F. PADBERG, *Cicero und Cato Censorius*, Münster 1933.
P. BOYANCÉ, *Etudes sur le Songe de Scipion*, Paris 1936.
R. GNAUCK, *Die Bedeutung des Marius und Cato Maior für Cicero*, Berlin 1936.
A. DYROFF, *Der Peripatos über das Greisenalter*, Paderborn 1939.
P. WUILLEUMIER, «L'influence du Cato Maior», in *Mél. Ernout*, Paris 1940, pp. 383 ss.

L. ALFONSI, «Verso l'immortalità», in *Convivium*, 22, 1954, pp. 385-391.

L. ALFONSI, «Sulle fonti del De senectute», in *La parola del passato*, 10, 1955, pp. 121-129.

L. ALFONSI, «La composizione del "De senectute"», in *Studi in onore di S. Santangelo* (*Sic Gymn.*, 8, 1955, pp. 429-454).

K. BÜCHNER, «Cicero, Grundzüge seines Wesens», in *Gymnasium* 1955, pp. 299 ss. (*Studien zur römischen Literatur*, II, «Cicero», pp. 1 ss.).

L. ALFONSI, «Il pensiero di Cicerone nel "De senectute"», in *Studi*, E. Santini, Palermo 1956, pp. 1-16.

E. DE SAINT DENIS, «Caton l'ancien vu par Cicéron», in *Inf. lit.*, 8, 1956, pp. 93 ss.

U. KAMMER, *Untersuchungen zu Ciceros Bild von Cato Censorius*, Frankfurt am Main 1964.

G. PACITTI, «Sul significato del "Cato maior"», in *Giorn. Ital. Fil.*, 18, 1965, pp. 236-260.

S. BOSCHERINI, «Su di un "errore" di Cicerone» (C.M. 54), *Quaderni Urbinati di Cultura Classica*, 1969, pp. 36 ss.

F. DELLA CORTE, *Catone Censore. La vita e la fortuna*, Firenze 1969[2].

P. WUILLEUMIER, *Introduction à Cicéron*, «Caton l'Ancien», Paris 1969[3].

G. CASTELLI, «Il "Cato Maior" come Herakleideion», in *Riv. St. Cl.*, 15, 1972, pp. 5 ss.

A.E. ASTIN, «Scipio Aemilianus and Cato Censorius», in *Latomus*, 1956, pp. 159 ss.; *Cato the Censor*, Oxford 1978.

E. NARDUCCI, «Il "Cato Maior" o la vecchiezza dell'aristocrazia romana», in *Cicerone, La vecchiezza*, Milano 1983, pp. 5-120.

I codici di Cicerone

Il codice più importante delle *Epistulae ad Atticum* è il «Mediceus» 49,18 che è la copia fatta fare da Coluccio Salutati, tratta da un codice Veronensis, che è andato perduto, insieme alla copia fatta da Francesco Petrarca, prima di Coluccio Salutati.

Per le *Epistolae ad familiares* esiste il codice Mediceus 49,9, il codice Vercellensis, di cui dal Salutati fu fatta fare una copia conservata alla biblioteca Laurenziana (49,7).

I manoscritti delle orazioni hanno una storia complicata e avventurosa. Esistono codici completi delle opere retoriche apografati dal codice di Lodi, scoperto nel 1421 dal vescovo Gerado Landriani e poi perduto. Prima di allora si avevano solo manoscritti incompleti del *De Oratore* e dell'*Orator*, manoscritti completi del *De inventione*. Si conservano così del *De Oratore* e dell'*Orator* due raccolte di codici, incompleti e integri. Fra i primi il migliore è il codice Abrincensis 238; tra quelli completi i più importanti sono il Florentinus I,14, che è il migliore per il *Brutus* e per l'*Orator*, e il Vaticanus Palatinus 1469.

Dei trattati filosofici di Cicerone otto sono conservati nei codici Leidenses Vossiani 84 e 86 e nel Florentinus Marcianus 257. In altri codici a parte sono conservati gli *Academica priora*, il *De finibus*, le *Tusculanae*, il *De Senectute*, il *De Amicitia* e il *De Republica*.

Nel '500 le opere di Cicerone furono edite da P. Vettori (Venezia 1534-46). P. Manuzio (Venezia 1540-46), D. Lambino (Parigi 1566). L'edizione moderna più importante è quella di Orelli, Baiter, Halm (Zurigo 1845-61). Nell'edizione di C.F.A. Nobbe (Lipsia 1869) le opere di Cicerone sono riunite in un volume unico. Per le orazioni va ricordata l'edizione di A.C. Clark e W. Peterson (Oxford 1905-18), divenuta rara.

Il *De Republica* fu pubblicata per la prima volta da Angelo Mai nel 1822 (Roma e Stoccarda) e una seconda volta a Roma nel 1846.

L'edizione fondamentale per il *De Legibus* è J. Vahlen, 2ª ediz. Berlino 1883. Per il *De finibus* c'è la 3ª ediz. Copenaghen 1876 di J.N. Madvig. Per l'*Orator* c'è l'edizione Lipsia 1884 di F. Heerdegen. Per le Lettere *ad Familiares*, l'edizione di L. Mendelsshon, Lipsia 1893 e l'edizione commentata di R. Tyrrel e L.C. Purser, Dublino e Londra 1890-1906.

La casa editrice Teubner ha pubblicato dal 1914 in poi una nuova grande edizione delle opere di Cicerone affidata a molti studiosi (Klotz, Plasberg, ecc.).

Il *De Senectute*

Lo spunto per il suo De Senectute, *dedicato all'amico carissimo Tito Pomponio Attico, Marco Tullio Cicerone lo prese da una favola mitologica, opera di Aristone di Ceo, vissuto circa due secoli prima dell'Arpinate. Il personaggio mitologico è noto: Titone, fratello di Priamo, era un giovane bellissimo, di cui si innamorò l'Aurora, la quale chiese e ottenne dagli dèi il dono dell'immortalità per l'amante. Ma si dimenticò, la poverina, di chiedere contemporaneamente il dono dell'eterna giovinezza: e così, con il passar del tempo, Titone invecchiò inesorabilmente. E per sfuggire alla condanna della eterna vecchiaia, chiese e ottenne dagli dèi di essere trasformato in cicala. Il personaggio chiave usato da Cicerone per la stesura di questo suo straordinario dialogo è Marco Porcio Catone, vissuto un secolo prima di lui dal 234 al 149 a.C., una delle figure più prestigiose della storia romana del tempo della Repubblica.*

Catone fa un lungo panegirico dei personaggi più anziani e più rappresentativi della storia letteraria e civile di Roma e della Grecia, portando ad esempio di rettitudine morale e di saggezza uomini della statura di Publio Cornelio Scipione l'Africano, Caio Lelio, Caio Livio Salinatore, Temistocle, Socrate, Platone, Quinto Fabio Massimo il «temporeggiatore», Gorgia di Lentini, Appio Claudio Cieco, e ancora Pitagora di Samo, Democrito di Abdera, il filosofo Zenone di Elea, Diogene lo Stoico, e commediografi come Cecilio Stazio e storici come Ennio e Senofonte, insomma una vasta galleria di personaggi storici che Catone, dialogando con i due giovani amici Caio Lelio e Publio Cornelio Scipione, passa in rassegna con uno sfoggio di cultura, che risente evidentemente dell'influenza greca. Insomma il trattato De Senectute, *oltre ad essere un saggio filosofico sulla vecchiaia, vista serenamente, nel suo contesto naturale, è una rassegna dei personaggi più importanti della storia romana.*

Il dialogo, che si svolge fra Catone da una parte e Lelio e Scipione dall'altra, è più che altro un dotto monologo del vecchio Catone. L'opera è una delle più felici di Cicerone, ricca di eleganza oratoria e di una proprietà di linguaggio ricercata ed esemplare.

Cicerone scrisse il De Senectute *l'anno in cui fu ucciso Giulio*

Cesare nel 44 a.C. Aveva allora 62 anni e una lunga esperienza letteraria, politica e militare dietro le spalle. Aveva retto molte cariche pubbliche, era stato console, aveva viaggiato e soggiornato in Grecia, in Cilicia, aveva affrontato, come console, la congiura di Catilina, aveva seguito in Oriente Pompeo. Attico, a cui il De Senectute *era dedicato, aveva, come si legge nella dedica, le stesse preoccupazioni di Cicerone per la situazione politica seguita alla morte di Cesare, ucciso da 23 pugnalate davanti alla Curia del Teatro di Pompeo. Le conseguenze sarebbero state disastrose, tali da giustificare le paure e i presentimenti di Cicerone. Ciononostante il* De Senectute *è un'opera rasserenante, un manuale filosofico, che riesce a far accettare la vecchiaia, di cui Cicerone, per bocca del saggio Catone il Censore fa addirittura un panegirico, con rassegnazione ed anzi con gioia. Da buon avvocato Cicerone, sempre per bocca di Catone, fa un'accalorata arringa di difesa della vecchiaia, esponendo mirabilmente tutte le ragioni e gli argomenti di questa difesa. Gli stessi capi d'accusa della vecchiaia, che Catone fissa in quattro punti, diventano argomenti di difesa. Prima di tutto la vecchiaia distoglie l'uomo dalla vita attiva. In secondo luogo, gli toglie le forze rendendo il corpo sempre più debole, in terzo luogo toglie al vecchio tutte le gioie della vita, a cominciare dalle gioie dell'amore e della passione, in ultimo luogo la vecchiaia si avvicina sempre di più alla morte. Nel dialogo, che potremmo vagamente paragonare ai* Dialoghi *di Platone, vengono confutati questi quattro talloni d'Achille della vecchiaia, che non distoglie l'uomo dalla vita attiva, in quanto l'attività pubblica può essere svolta anche quando l'uomo è molto in là negli anni. Così è vero che la vecchiaia diminuisce le forze del corpo, ma per fare l'attività adatta al vecchio, non c'è bisogno della forza fisica, bensì di quella spirituale. Così, sostiene Catone, se la vecchiaia priva l'uomo del piacere del sesso, lo libera dalla sua schiavitù, rendendogli la vita più serena e tranquilla. Infine il fatto che la vecchiaia si avvicini sempre di più alla morte non deve spaventare l'uomo, ma rassicurarlo, essendo la morte un ritorno alle origini, come rientrare in porto dopo una lunga navigazione.*

Il segreto dell'arte dell'invecchiare è, secondo Cicerone, nella vitalità, nel coltivare molti interessi, nel fare una vita regolata e morigerata. La vitalità delle cellule del cervello, come sostiene anche la nostra Rita Levi Montalcini, allontana o almeno ritarda la vecchiaia. Per questo motivo molti artisti, come Pablo Picasso, Charles Chaplin, Bernard Shaw, Dalì, De Chirico, che sono stati tesi spiritualmente fino all'ultimo giorno di vita, e hanno sottoposto le cellule del cervello a un continuo lavoro creativo, a una continua passione per l'arte, senza mai rilassarsi, senza mai abbassare la tensione spirituale, la fede, l'interesse per la vita, hanno vissuto più intensamente

degli altri ed hanno mantenuto più a lungo la giovinezza, lo sprint, l'entusiasmo, la gioia di vivere.

L'agilità cerebrale, nel vecchio, deriva dal continuo lavoro creativo e quindi dai suoi interessi, fra cui Catone comprende l'interesse agricolo, il contatto quotidiano con la natura, come era abitudine dei ricchi romani, legati all'agricoltura per tradizione famigliare e per censo, dati i grandi latifondi dei patrizi.

Il De Senectute, *naturalmente, è anche un manuale di filosofia, in cui si tratta dell'ordine del creato, del problema di Dio, dell'immortalità dell'anima. Accettare la vecchiaia e la morte è proprio del saggio, che si adegua alla natura e ne rispetta le leggi, a cui sa di non potersi ribellare. La morte infatti, dice Catone, non deve far paura al saggio, perché rientra perfettamente nelle leggi della natura, è la logica e inevitabile conclusione della vita. Ed è tale l'equilibrio della vita umana, che la mancanza di certi beni indispensabili per la giovinezza (come le forze del corpo e il piacere del sesso), è accettabile, anzi desiderabile nella vecchiaia. Non per nulla Cicerone aveva scelto Catone il Censore per farne il moderatore del* De Senectute. *Catone era stato proverbiale per essere un castigatore dei costumi, appartenente a quella minoranza di nobili tradizionalisti e conservatori, che si era alleata alla classe rurale contro la maggioranza della nobiltà progressista. Catone intervenne anche nella polemica sugli scandalosi Baccanali, che per la loro sfrenatezza furono aboliti dal Senato nel 186 a.C. Nel 179 sostenne energicamente la Legge Vaconia, che poneva un limite e un freno alle eredità attribuite alle donne, ad evitare che si accumulasse troppa ricchezza in mano alle matrone. Così, dopo il 161 si oppose alla deroga della Legge Suntuaria, che aveva posto un freno all'eccessivo lusso dei banchetti. La fama di Catone il Censore era anche legata alla sua insistente frase, un vero e proprio slogan: «Carthago delenda est», e alla sua viscerale avversione per il predominio a Roma della cultura greca. A Catone il Censore andava tutta l'ammirazione di Cicerone, che nel* De Senectute *ne fece il simbolo del cittadino romano ideale.*

B.R.

Cato Maior de Senectute
L'arte di invecchiare

I. 1.
> *O Tite, si quid ego adiuero curamve levasso,*
> *Quae nunc te coquit et versat in pectore fixa,*
> *Ecquid erit praemi?*

Licet enim mihi versibus iisdem adfari te, Attice, quibus adfatur Flamininum

> *Ille vir, haud magna cum re, sed plenus fidei.*

Quamquam certo scio non, ut Flamininum,

> *Sollicitari te, Tite, sic noctesque diesque.*

Novi enim moderationem animi tui et aequitatem, teque cognomen non solum Athenis deportasse sed humanitatem et prudentiam intellego. Et tamen te suspicor iisdem rebus quibus me ipsum interdum gravius commoveri; quarum consolatio et maior est et in aliud tempus differenda.

Nunc autem mihi est visum de senectute aliquid ad te conscribere. 2. *Hoc enim onere, quod mihi commune tecum est, aut iam urgentis aut certe adventantis senectutis et te et me etiam ipsum levari volo. Etsi te quidem id modice ac sapienter, sicut omnia, et ferre et laturum esse certo scio. Sed mihi, cum de senectute vellem aliquid scribere, tu occurrebas dignus eo munere quo uterque nostrum communiter uteretur. Mihi quidem ita iucunda huius libri confectio fuit ut non modo omnis absterserit senectutis molestias, sed effecerit mollem etiam et iucundam senectutem. Numquam igitur digne satis laudari philosophia poterit, cui qui pareat omne tempus aetatis sine molestia possit degere.*

3. *Sed de ceteris et diximus multa et saepe dicemus; hunc librum ad te de senectute misimus. Omnem autem sermonem tribuimus non Tithono, ut Aristo Ceus, – parum enim esset auctoritatis in fabula –*

I. 1.

> Tito, se in qualche cosa posso esserti di aiuto e alleviarti la preoccupazione, che ora ti angoscia e ti tormenta come un chiodo fisso nel cervello, che ne avrò in premio? [1]

Mi è ben lecito rivolgermi a te, caro Attico [2], con gli stessi versi con cui si rivolge a Flaminino [3]

> Quell'uomo di non grande ricchezza, ma pieno di lealtà [4],

per quanto so di certo che tu non fai come Flaminino,

> Che ti angosci, o Tito [5], di notte e di giorno.

Conosco bene la moderazione e l'equilibrio del tuo animo, e capisco pure che tu da Atene hai riportato non solo il tuo cognome [6], ma anche la cultura e la saggezza. E tuttavia sospetto che tu ogni tanto sia seriamente turbato per le stesse cose, che turbano me [7]: darti ora una consolazione sarebbe un compito troppo grave, perciò rimandiamolo ad altro tempo. Ora però mi è sembrato giusto scrivere per te qualcosa sulla vecchiaia. 2. Perciò di questo peso, che io ho in comune con te, di una vecchiaia che è già incombente e che ineluttabilmente si avvicina, voglio sollevare te e anche me stesso: benché so per certo che tu saprai sopportarla e reggerla con moderazione e saggezza, come tutte le cose che fai. A me, volendo scrivere qualcosa sulla vecchiaia, sei venuto in mente tu, degno di un dono di cui ambedue possiamo godere in comune.

E in verità è stata per me così gradevole la stesura di questo libro, che non solo mi ha liberato da tutte le molestie della vecchiaia, ma me l'ha resa addirittura dolce e piacevole. Mai dunque si potrà lodare abbastanza la filosofia, perché seguendo i suoi insegnamenti, si può superare senza difficoltà ogni periodo dell'esistenza.

3. Di altri argomenti abbiamo discorso abbastanza e di molti altri torneremo a parlare: ora ti dedico questo libro sulla vecchiaia [8]. Tutto il trattato l'ho attribuito non a Titone [9], come fa

sed M. Catoni seni, quo maiorem auctoritatem haberet oratio; apud quem Laelium et Scipionem facimus admirantis quod is tam facile senectutem ferat, iisque eum respondentem. Qui si eruditius videbitur disputare quam consuevit ipse in suis libris, attribuito litteris Graecis, quarum constat eum perstudiosum fuisse in senectute. Sed quid opus est plura? Iam enim ipsius Catonis sermo explicabit nostram omnem de senectute sententiam.

II. 4. SCIPIO. *Saepenumero admirari soleo cum hoc C. Laelio cum ceterarum rerum tuam excellentem, M. Cato, perfectamque sapientiam, tum vel maxume quod numquam tibi senectutem gravem esse senserim, quae plerisque senibus sic odiosa est ut onus se Aetna gravius dicant sustinere.*

CATO. *Rem haud sane difficilem, Scipio et Laeli, admirari videmini. Quibus enim nihil est in ipsis opis ad bene beateque vivendum, iis omnis aetas gravis est; qui autem omnia bona a se ipsi petunt, iis nihil malum potest videri quod naturae necessitas adferat. Quo in genere est in primis senectus. Quam ut adipiscantur omnes optant, eandem accusant adepti: tanta est stultitiae inconstantia atque perversitas! Obrepere aiunt eam citius quam putavissent. Primum quis coegit eos falsum putare? qui enim citius adulescentiae senectus quam pueritiae adulescentia obrepit? Deinde qui minus gravis esset iis senectus si octingentesimum annum agerent quam si octogesimum? praeterita enim aetas, quamvis longa, cum effluxisset, nulla consolatio permulcere potest stultam senectutem.* 5. *Quocirca, si sapientiam meam admirari soletis, – quae utinam digna esset opinione vestra nostroque cognomine! – in hoc sumus sapientes, quod naturam optumam ducem tamquam deum sequimur eique paremus; a qua non verisimile est, cum ceterae partes aetatis bene descriptae sint, extremum actum tamquam ab inerti poeta esse neglectum. Sed tamen necesse fuit esse aliquid extremum et, tamquam in arborum bacis terraeque fructibus, maturitate tempestiva quasi vietum et caducum; quod ferundum est molliter sa-*

Aristone di Ceo [16] (perché ci sarebbe minore autorevolezza in una leggenda mitologica), bensì a Marco Catone [11] da vecchio, affinché il discorso abbia un maggiore prestigio. Di fronte a lui ho immaginato Lelio [12] e Scipione, che ammirano, quanto agevolmente egli sappia sopportare la vecchiaia, ed è a loro che lui risponde. E se Catone ti sembrerà disputare con più erudizione di quella che gli è consueta nei suoi libri, attribuiscilo pure alle lettere greche, di cui si sa che fu grande studioso in vecchiaia. Ma che bisogno c'è di dire di più? Perché ormai sarà il discorso dello stesso Catone a chiarire ogni nostra affermazione sulla vecchiaia.

II. 4. SCIPIONE. Assai spesso, Marco Catone, sono solito ammirare, insieme qui al nostro Caio Lelio, sia la tua eccellente e perfetta sapienza su tutte le questioni, sia specialmente il fatto, di cui ho avuto la netta sensazione, che mai ti sia di peso la vecchiaia, che per la maggior parte dei vecchi è così odiosa, da far loro dire di sostenere un carico più pesante dell'Etna.

CATONE. Mi sembra che voi due, Scipione e Lelio, vi meravigliate di una cosa non certo ardua. Per quelli infatti che non hanno nulla in se stessi per vivere bene e beatamente, per loro ogni età è pesante; a quelli invece che solo in se stessi cercano tutti i beni, non può sembrare un male nulla che giunga loro per necessità della natura. E in questo genere di cose c'è da annoverare prima di tutto la vecchiaia, la quale tutti desiderano raggiungere, e quando l'hanno raggiunta, l'accusano: tanta è l'incostanza e la ingratitudine della stoltezza umana! Dicono che lei li ha sorpresi più presto di quanto avessero creduto!

Primo: chi li ha costretti a credere il falso? In che modo infatti la vecchiaia può aver colto di sorpresa la giovinezza, più rapidamente di quanto la giovinezza abbia colto di sorpresa l'infanzia? Secondariamente in che modo sarebbe meno pesante per loro la vecchiaia se avessero ottocento anni anziché ottanta? Infatti, passata l'età, per quanto possa essere stata lunga, quando è scappata via nessuna consolazione potrebbe alleviare una stolta vecchiaia. 5. Perciò, se siete soliti ammirare la mia saggezza (che magari fosse degna della vostra stima e del mio cognome), in questo io sono sapiente, che seguo, come ottima guida, la natura, come se fosse un dio, e a lei obbedisco: da lei è impossibile che sia stato trascurato, come farebbe un poeta inetto, l'ultimo atto, mentre le altre parti della vita sono state ben definite.

In ogni caso era necessario che ci fosse un finale e, come nelle bacche degli alberi e nei frutti della terra, qualcosa, diciamo così, di troppo maturo e di caduco, dopo che è appassito, e ciò deve

pienti: quid est enim aliud Gigantum modo bellare cum dis nisi naturae repugnare?

6. LAELIUS. *Atqui, Cato, gratissumum nobis, ut etiam pro Scipione pollicear, feceris, si, quoniam speramus, volumus quidem certe senes fieri, multo ante a te didicerimus quibus facillume rationibus ingravescentem aetatem ferre possimus.*

CATO. *Faciam vero, Laeli, praesertim si utrique vestrum, ut dicis, gratum futurum est.*

LAELIUS. *Volumus sane, nisi molestum est, Cato, tamquam longam aliquam viam confeceris, quam nobis quoque ingrediundum sit, istuc quo pervenisti videre quale sit.*

III. 7. CATO. *Faciam ut potero, Laeli. Saepe enim interfui querelis aequalium meorum, – pares autem vetere proverbio cum paribus facillume congregantur – quae C. Salinator, quae Sp. Albinus, homines consulares, nostri fere aequales, deplorare solebant, tum quod voluptatibus carerent, sine quibus vitam nullam putarent, tum quod spernerentur ab iis a quibus essent coli soliti; qui mihi non id videbantur accusare quod esset accusandum: nam si id culpa senectutis accideret, eadem mihi usu venirent reliquisque omnibus maioribus natu; quorum ego multorum cognovi senectutem sine querela, qui se et libidinum vinculis laxatos esse non moleste ferrent nec a suis despicerentur. Sed omnium istius modi querelarum in moribus est culpa, non in aetate: moderati enim et nec difficiles nec inhumani senes tolerabilem senectutem agunt; importunitas autem et inhumanitas omni aetate molesta est.*

8. LAELIUS. *Est ut dicis, Cato; sed fortasse dixerit quispiam tibi propter opes et copias et dignitatem tuam tolerabiliorem senectutem videri, id autem non posse multis contingere.*

CATO. *Est istuc quidem, Laeli, aliquid, sed nequaquam in isto sunt omnia. Ut Themistocles fertur Seriphio cuidam in iurgio respondisse, cum ille dixisset non eum sua, sed patriae gloria splendorem adsecutum: «Nec, hercule, inquit, si ego Seriphius essem, nec tu si Atheniensis, clarus umquam fuisses». Quod eodem modo de senectute dici potest: nec enim in summa inopia levis esse senectus potest ne*

essere serenamente sopportato dal saggio. Che altro significa infatti il combattimento dei Giganti [13] con gli dèi, se non un ribellarsi alla natura?

6. LELIO. E allora, Catone, ci farai cosa graditissima – anche per Scipione te lo garantisco –, se, dato che speriamo e certo ne abbiamo la voglia, di diventare vecchi, tu ci insegnerai molto prima con quali argomenti possiamo sopportare più facilmente l'età che si fa più pesante [14].

CATONE. Certo che lo farò, caro Lelio, soprattutto se, come dici, sarà gradito a ciascuno di voi.

LELIO. Se non ti dà fastidio, Catone, noi vorremmo proprio che tu, come se avessi fatto un lungo cammino, che anche noi due dobbiamo affrontare, ci facessi vedere quale è il punto a cui sei arrivato.

III. 7. CATONE. Farò meglio che potrò, caro Lelio. Spesso infatti sono stato presente alle lamentele dei miei coetanei (perché i simili, secondo un vecchio proverbio, si uniscono molto facilmente con i loro simili), lamentele che Gaio Salinatore [15] e Spurio Albino, ex consoli, quasi nostri coetanei, solevano fare, ora perché erano rimasti privi di quelle voluttà, senza le quali consideravano la vita inutile, ora perché erano disprezzati da quelli che prima erano soliti riverirli.

A me sembrava che loro non accusassero quel che si doveva sul serio accusare. Infatti, se di questo avesse colpa [16] la vecchiaia, lo stesso accadrebbe anche a me e a tutti quelli anziani di età, molti dei quali io ho visto accettare la vecchiaia senza lamentarsi e sopportare serenamente di essere sciolti dai vincoli della passione, e non essere affatto disprezzati dai loro amici e parenti.

Ma di tutte le lamentele di questo tipo, la colpa sta nel carattere, non nell'età. Infatti i vecchi moderati, non difficili di carattere, né scontrosi, conducono una vecchiaia tollerabile. Mentre la scontrosità e la durezza di carattere è fastidiosa ad ogni età.

8. LELIO. È come dici tu, Catone: ma forse qualcuno potrebbe insinuare che a te la vecchiaia sembra più tollerabile grazie alla tua posizione sociale e al tuo benessere economico e al tuo ascendente; tutto questo però non può toccare a molti!

CATONE. Per certo questa è una buona ragione, Lelio, ma mica sta tutto qui. Si racconta che Temistocle [17], durante un diverbio, a uno di Serifo [18] che gli aveva rinfacciato di aver conseguito la fama non per la gloria sua, ma della patria, così rispose: «Per Ercole, né io sarei diventato famoso se fossi di Serifo, né tu lo saresti diventato mai pure se fossi di Atene» [19]. Ciò si può dire allo stesso modo della vecchiaia. Non si può dire infatti che nel-

sapienti quidem, nec insipienti etiam in summa copia non gravis. 9. Aptissuma omnino sunt, Scipio et Laeli, arma senectutis artes exercitationesque virtutum, quae in omni aetate cultae, cum diu multumque vixeris, mirificos efferunt fructus, non solum quia numquam deserunt, ne extremo quidem tempore aetatis, – quamquam id quidem maxumum est – verum etiam quia conscientia bene actae vitae multorumque benefactorum recordatio iucundissuma est.

IV. 10. *Ego Q. Maximum, eum qui Tarentum recepit, senem adulescens ita dilexi ut aequalem: erat enim in illo viro comitate condita gravitas, nec senectus mores mutaverat. Quamquam eum colere coepi non admodum grandem natu, sed tamen iam aetate provectum: anno enim post consul primum fuerat quam ego natus sum, cumque eo quartum consule adulescentulus miles ad Capuam profectus sum quintoque anno post ad Tarentum; quaestorque magistratum gessi consulibus Tuditano et Cethego, cum quidem ille admodum senex suasor legis Cinciae de donis et muneribus fuit. Hic bella gerebat ut adulescens, cum plane grandis esset, et Hannibalem iuveniliter exsultantem patientia sua molliebat; de quo praeclare familiaris noster Ennius:*

> Unus homo nobis cunctando restituit rem;
> Non enim rumores ponebat ante salutem.
> Ergo postque magisque viri nunc gloria claret.

11. *Tarentum vero qua vigilantia, quo consilio recepit! cum quidem me audiente Salinatori, qui, amisso oppido, fuerat in arce, glorianti atque ita dicenti: «Mea opera, Q. Fabi, Tarentum recepisti!»! – «Certe, inquit ridens; nam nisi tu amisisses, numquam recepissem.» Nec vero in armis praestantior quam in toga: qui, consul iterum, Sp. Carvilio collega quiescente, C. Flaminio tribuno plebis quoad potuit restitit, agrum Picentem et Gallicum viritim contra senatus auctoritatem dividenti; augurque cum esset, dicere ausus est optumis au-*

l'estrema miseria la vecchiaia sia un leggero peso, neppure per un uomo saggio, né che per uno stolto non sia pesante anche nella più grande ricchezza! 9. Insomma efficacissime armi di difesa contro la vecchiaia sono, cari Scipione e Lelio, le arti e l'esercizio delle virtù, che coltivate in ogni età, quando si è vissuto a lungo e intensamente, danno frutti meravigliosi, non solo perché non ci abbandonano mai, nemmeno nel tempo estremo dell'esistenza, sebbene questa per vero sia la cosa più importante, ma anche perché la coscienza di una vita bene trascorsa e il ricordo di molte buone azioni danno grande felicità.

IV. 10. Quando ero adolescente, ho avuto in amicizia [20], come se fosse un mio coetaneo, Quinto Fabio Massimo [21], quello che riconquistò Taranto, perché c'era in quell'uomo un aspetto severo, unito a grande socievolezza, né la vecchiaia aveva cambiato il suo carattere. Io in realtà cominciai ad attaccarmi [22] a lui quando non era ancora vecchio, ma già avanti negli anni. Era stato infatti console per la prima volta l'anno dopo che io nacqui [23], e con lui, console per la quarta volta, io soldato giovanissimo [24], partii per Capua e cinque anni dopo per Taranto. Divenni questore esercitando la magistratura sotto il consolato di Tutidano [25] e Cetego, mentre lui, già molto vecchio, fu relatore della Legge Cinzia [26] sui donativi e le tangenti. Egli conduceva la guerra come un giovane, pur essendo chiaramente vecchio, e con la sua pazienza fiaccava Annibale, baldanzoso e molto giovane. Di lui scrisse con entusiasmo il nostro amico Ennio:

> Un uomo solo, temporeggiando [27], ci restituì la Repubblica,
> Perché non anteponeva i clamori popolari alla salvezza dello Stato.
> Perciò splende e splenderà sempre più la gloria di quest'uomo.

11. E con quale oculatezza, con quale previdenza riconquistò Taranto! Con queste orecchie l'ho udito rispondere a Salinatore [28], che, perduta la città, era rimasto bloccato nella fortezza, e andava dicendo: «Per opera mia, Quinto Fabio, hai riconquistato Taranto!». Lui replicò ridendo: «Certo, se tu non l'avessi perduta, io non l'avrei mai riconquistata».

E invero non fu più prestante con le armi che con la toga [29], lui che, console per la terza volta, mentre il collega Spurio Carvilio se ne restava inoperoso, resistette fino all'ultimo a Gaio Flaminio [30], tribuno della plebe, che contro l'autorità del Senato voleva distribuire ai privati cittadini l'Agro Piceno e quello Gallico, di proprietà dello Stato [31]. E quando fu augure [32], osò affer-

spiciis ea geri quae pro rei publicae salute gererentur, quae contra rem publicam ferrentur contra auspicia ferri. 12. Multa in eo viro praeclara cognovi, sed nihil admirabilius quam quo modo ille mortem fili tulit, clari viri et consularis; est in manibus laudatio, quam cum legimus, quem philosophum non contemnimus? Nec vero ille in luce modo atque in oculis civium magnus, sed intus domique praestantior; qui sermo, quae praecepta, quanta notitia antiquitatis, scientia iuris augurii! multae etiam, ut in homine Romano, litterae: omnia memoria tenebat non domestica solum sed etiam externa [bella]. Cuius sermone ita cupide fruebar quasi iam divinarem, id quod evenit, illo exstincto fore unde discerem neminem.

V. 13. *Quorsum igitur haec tam multa de Maximo? Quia profecto videtis nefas esse dictu miseram fuisse talem senectutem. Nec tamen omnes possunt esse Scipiones aut Maximi, ut urbium expugnationes, ut pedestris navalisque pugnas, ut bella a se gesta, ut triumphos recordentur. Est etiam quiete et pure atque eleganter actae aetatis placida ac lenis senectus, qualem accepimus Platonis, qui uno et octogesimo anno scribens est mortuus, qualem Isocratis, qui eum librum qui Panathenaicus inscribitur quarto et nonagesimo anno scripsisse se dicit vixitque quinquennium postea; cuius magister Leontinus Gorgias centum et septem complevit annos neque umquam in suo studio atque opere cessavit; qui, cum ex eo quaereretur cur tam diu vellet esse in vita: «Nihil habeo, inquit, quod accusem senectutem». Praeclarum responsum et docto homine dignum! 14. Sua enim vitia insipientes et suam culpam in senectutem conferunt. Quod non faciebat is cuius modo mentionem feci, Ennius:*

> *Sicut fortis equos, spatio qui saepe supremo*
> *Vicit Olympia, nunc senio confectus quiescit...*

Equi fortis et victoris senectuti comparat suam. Quem quidem probe meminisse potestis: anno enim undevicesimo post eius mortem hi consules, T. Flamininus et M'. Acilius, facti sunt; ille autem Caepione et Philippo iterum consulibus mortuus est, cum ego, quinque et sexaginta annos natus, legem Voconiam magna voce et bonis lateribus suasi. Sed annos septuaginta natus, – tot enim vixit Ennius – ita ferebat duo quae maxuma putantur onera, paupertatem et senectutem, ut iis paene delectari videretur.

mare che si intraprendevano con ottimi auspici [33] quelle imprese che si facevano per la salvezza della Repubblica, e quelle che si facevano contro la Repubblica erano sempre con cattivi auspici. 12. In quel grande uomo ho riscontrato molte grandi doti, ma nessuna è più ammirevole del modo con cui sopportò la morte del figlio [34], uomo illustre, che era stato console. Va ancora in giro il suo elogio funebre: quando lo leggiamo, quale filosofo regge al confronto? E non fu grande solo alla luce del sole, sotto gli occhi dei concittadini, ma fu anche più ammirevole in privato, nella sua casa. Che conversazione! Che insegnamenti! Quanta conoscenza della storia e del diritto augurale [35]! Aveva anche un ricco bagaglio letterario, per un romano [36]. Teneva tutto a memoria, non solo la storia patria, ma anche quella degli altri popoli. Io mi beavo così avidamente della sua conversazione, come se già presagissi quello che dopo avvenne, che morto lui non ci sarebbe stato più nessuno da cui potessi imparare.

v. 13. Perché ho parlato tanto di Massimo finora? Perché sicuramente da qui voi comprendiate che sarebbe un delitto affermare che una tale vecchiaia fu infelice. Ma certo non tutti possono essere Scipioni o Massimi, così da poter ricordare città espugnate, battaglie terrestri e navali, guerre da loro fatte, e trionfi. Ma c'è anche una vecchiaia placida e serena dopo una vita passata quietamente, con purezza di cuore e con equilibrio, quale sappiamo che fu quella di Platone [37], che morì a 81 anni mentre stava scrivendo un libro, o quale è stata quella di Isocrate [38], che dice di aver scritto, a 94 anni, un libro che si intitolava *Il Panatenaico*, e dopo visse altri cinque anni! Il suo maestro, Gorgia di Lentini [39], visse addirittura 107 anni e non lasciò mai il suo studio e il suo lavoro. Egli, avendogli un tale chiesto perché volesse campare così a lungo, «Non ho nulla», disse, «per cui debba accusare la vecchiaia». Straordinaria risposta, degna di un uomo saggio. 14. Infatti gli stolti rigettano sulla vecchiaia i loro difetti e le loro colpe; ciò che non faceva certo il poeta, di cui ho fatto menzione poco fa, Ennio:

> Come un focoso cavallo, che molte volte riuscì vincitore
> nello stadio di Olimpia, ed ora riposa sfinito dalla vecchiaia.

Alla vecchiaia di un cavallo forte e vincitore egli paragona la propria. Voi certo potete ricordarvene bene: 19 anni dopo la sua morte, infatti, furono eletti i due consoli di oggi, Tito Flaminino e Manlio Acilio. Egli poi morì sotto il secondo consolato di Cepione e Filippo, quando io, all'età di 65 anni, difesi la Legge Voconia [40], con gran voce e buoni polmoni. A 70 anni, tanto visse Ennio, sopportava così bene i due pesi che si reputano i più grandi, la povertà

15. *Etenim, cum complector animo, quattuor reperio causas cur senectus misera videatur, unam quod avocet a rebus gerundis, alteram quod corpus faciat infirmius, tertiam quod privet fere omnibus voluptatibus, quartam quod haud procul absit a morte. Earum, si placet, causarum quanta quamque sit iusta unaquaeque videamus.*

VI. *A rebus gerundis senectus abstrahit. – Quibus? an iis quae iuventute geruntur et viribus? Nullaene igitur res sunt seniles quae, vel infirmis corporibus, animo tamen administrentur? Nihil ergo agebat Q. Maximus, nihil L. Paulus, pater tuus, socer optimi viri, fili mei? ceteri senes, Fabricii, Curii, Coruncanii, cum rem publicam consilio et auctoritate defendebant, nihil agebant? 16. Ad Ap. Claudi senectutem accedebat etiam ut caecus esset; tamen is, cum sententia senatus inclinaret ad pacem cum Pyrrho foedusque faciundum, non dubitavit dicere illa quae versibus persecutus est Ennius:*

> Quo vobis mentes, rectae quae stare solebant
> Antehac, dementes sese flexere viai?

ceteraque gravissume; notum enim vobis carmen est; et tamen ipsius Appi exstat oratio. Atque haec ille egit septimo decimo anno post alterum consulatum, cum inter duos consulatus anni decem interfuissent censorque ante superiorem consulatum fuisset; ex quo intellegitur Pyrrhi bello eum grandem sane fuisse; et tamen sic a patribus accepimus. 17. Nihil igitur adferunt qui in re gerunda versari senectutem negant, similesque sunt ut si qui gubernatorem in navigando nihil agere dicant, cum alii malos scandant, alii per foros cursent, alii sentinam exhauriant, ille autem clavum tenens quietus sedeat in puppi. Non facit ea quae iuvenes, at vero multo maiora et meliora facit: non viribus aut velocitate aut celeritate corporum res magnae geruntur, sed consilio, auctoritate, sententia, quibus non modo non orbari, sed etiam augeri senectus solet.

18. *Nisi forte ego vobis, qui et miles et tribunus et legatus et consul versatus sum in vario genere bellorum, cessare nunc videor, cum bella non gero. At senatui quae sint gerunda praescribo et quomodo:*

e la vecchiaia, che sembrava quasi ricavarne diletto. 15. E dunque, quando rifletto dentro di me, trovo quattro cause per cui la vecchiaia appare infelice: la prima è che distoglie dalla vita attiva, la seconda è che rende il corpo sempre più debole, la terza è che priva il vecchio di quasi tutti i piaceri, la quarta è che non è molto lontana dalla morte. Di queste cause, se volete, vediamo quanto ciascuna sia importante e quanto sia giusta.

VI. La vecchiaia ci strappa via dalla vita attiva. Ma da quale? Forse da quella che si realizza con le forze della gioventù? Non ci sono dunque occupazioni da vecchi, che si possono realizzare con lo spirito, quando il corpo è debilitato? Niente dunque faceva Quinto Massimo, niente Lucio Paolo, tuo padre, o Scipione [41], suocero di quell'uomo straordinario che fu mio figlio? E non facevano niente tutti gli altri vecchi, i Fabrizi [42], i Curi, i Coruncani, quando difendevano lo Stato con la loro saggezza e la loro autorità? 16. Alla vecchiaia di Appio Claudio [43] si aggiungeva anche il fatto che era cieco: tuttavia, quando il Senato era incline a fare la pace con Pirro e a stringere con lui un trattato, egli non esitò a fare quel discorso che Ennio traduce in versi:

> Dove si sono fuorviate, uscendo di senno, le vostre menti
> Che prima d'ora solevano esser tutte d'un pezzo?

E il resto prosegue solenne: vi è noto di certo il poema [44]. E si conserva anche il discorso dello stesso Appio. E questo lui lo fece 17 anni dopo il secondo consolato, mentre fra i due consolati erano passati 10 anni ed egli era già stato censore, prima del suo primo consolato: da qui si capisce che al tempo della guerra di Pirro era certamente attempato; e tuttavia ci tramandarono i nostri padri che alla sua età così fece. 17. Nulla di vero, dunque, affermano quelli che dicono che i vecchi non sono adatti all'attività politica: somigliano a chi dice che il timoniere, in navigazione, non fa nulla, dato che altri salgono sugli alberi, altri corrono su e giù sui ponti, altri svuotano la sentina dall'acqua, mentre lui, tenendo la barra del timone, se ne sta in riposo, seduto a poppa! Non fa quei lavori che fanno i giovani, ma ne fa altri molto più seri e più importanti. Le grandi cose non si fanno con la forza o con la velocità o con la agilità del corpo, ma con la saggezza, con l'autorità, con il prestigio; delle quali virtù la vecchiaia di solito non solo non è priva, ma anzi ne è arricchita.

18. A meno che, per caso, io, che da soldato e da tribuno e da legato e da console ho preso parte a guerre di vario genere, ora non vi sembri inattivo, dal momento che non faccio guerre: ma io

Carthagini [cui] male iam diu cogitanti bellum multo ante denuntio; de qua vereri non ante desinam quam illam excisam esse cognovero. 19. Quam palmam utinam di immortales, Scipio, tibi reservent, ut avi reliquias persequare! Cuius a morte tertius hic et tricesimus annus est; sed memoriam illius viri omnes excipient anni consequentes; anno ante me censorem mortuus est, novem annis post meum consulatum, cum consul iterum me consule creatus esset. Num igitur, si ad centesimum annum vixisset, senectutis eum suae paeniteret? Nec enim excursione nec saltu nec eminus hastis aut comminus gladiis uteretur, sed consilio, ratione, sententia. Quae nisi essent in senibus, non summum consilium maiores nostri appellassent senatum. 20. Apud Lacedaemonios quidem ii qui amplissumum magistratum gerunt, ut sunt, sic etiam nominantur senes. Quodsi legere aut audire voletis externa, maxumas res publicas ab adulescentibus labefactatas, a senibus sustentatas et restitutas reperietis.

Cedo, qui vestram rem publicam tantam amisistis tam cito?

Sic enim percontantur in Naevi poetae Ludo; respondentur et alia et hoc in primis:

Proveniebant oratores novi, stulti adulescentuli.

Temeritas est videlicet florentis aetatis, prudentia senescentis.

VII. 21. *At memoria minuitur. – Credo, nisi eam exerceas, aut etiam si sis natura tardior. Themistocles omnium civium perceperat nomina; num igitur censetis eum, cum aetate processisset, qui Aristides esset, Lysimachum salutare solitum? Equidem non modo eos novi qui sunt, sed eorum patres etiam et avos, nec, sepulcra legens, vereor, quod aiunt, ne memoriam perdam: his enim ipsis legundis in memoriam redeo mortuorum. Nec vero quemquam senem audivi oblitum quo loco thesaurum obruisset; omnia quae curant meminerunt, vadimonia constituta, qui sibi, cui ipsi debeant. 22. Quid iuris*

suggerisco al Senato quali cose si debbano fare e come. Così dichiaro guerra con molto anticipo a Cartagine [45], che da molto tempo trama contro di noi, e non smetterò di temerla, finché non saprò ch'è stata rasa al suolo [46]. 19. Voglia il cielo che gli dèi immortali riservino a te questo onore, Scipione, perché tu possa portare a termine il resto dell'opera di tuo nonno [47]. Dalla sua morte sono trascorsi 33 anni, ma la memoria di quel grand'uomo l'accoglieranno tutte le età future. Morì l'anno prima che io diventassi censore [48], 9 anni dopo il mio consolato, quando fu eletto console per la seconda volta, mentre ero console io. E dunque, se fosse vissuto fino a 100 anni, si sarebbe forse dispiaciuto della sua vecchiaia? Certo non si sarebbe dato alla corsa, né al salto, né al lancio dell'asta da lontano, né ai combattimenti con la spada, bensì alla politica, al buon giudizio, alla saggezza. E se queste doti non ci fossero nei vecchi, i nostri antenati non avrebbero chiamato «Senato» [49] la massima assemblea dello Stato. 20. Presso gli Spartani, quelli che reggono la più importante magistratura, sono chiamati, come sono in realtà, «vecchi». E se volete leggere o ascoltare la storia dei popoli stranieri, troverete che i più potenti Stati sono mandati in rovina dai giovani, mentre sono risollevati e rimessi in piedi dai vecchi.

> Ma come avete potuto mandare in rovina così rapidamente il vostro Stato,
> che era tanto grande?

Così domandano in quella commedia del poeta Nevio, il *Gioco* [50]. Vengono date diverse risposte, e questa per prima:

> Si sono fatti avanti nuovi oratori, ragazzi senza cervello.

Evidentemente la temerarietà è propria dell'età fiorente, la saggezza lo è della vecchiaia.

VII. 21. Ma, si dice, la memoria diminuisce! Lo credo, se non la eserciti o anche se sei alquanto tardo di natura! Temistocle [51] ricordava i nomi di tutti i concittadini; e dunque pensate forse che lui, quando andò in là con gli anni, fosse solito di salutare Lisimaco [52] mentre si trattava di Aristide? Io del resto non solo conosco per nome quelli che sono vivi, ma anche i loro padri e gli avi, e leggendo gli epitaffi non ho paura, come si dice, di perdere la memoria; anzi proprio leggendo queste iscrizioni tombali, rientro nel ricordo dei morti. Né in realtà ho sentito mai dire che un vecchio abbia dimenticato il luogo in cui aveva sotterrato un tesoro. Tutto ciò che sta loro a cuore se lo ricordano e come: le comparizioni in giudizio, i debitori, i creditori. 22. E che dire dei

consulti, quid pontifices? quid augures, quid philosophi? senes quam multa meminerunt! Manent ingenia senibus, modo permaneat studium et industria, neque ea solum in claris et honoratis viris, sed in vita etiam privata et quieta. Sophocles ad summam senectutem tragoedias fecit; quod propter studium cum rem neglegere familiarem videretur, a filiis in iudicium vocatus est, ut, quemadmodum nostro more male rem gerentibus patribus bonis interdici solet, sic illum quasi desipientem a re familiari removerent iudices; tum senex dicitur eam fabulam quam in manibus habebat et proxime scripserat, Oedipum Coloneum, recitasse iudicibus quaesisseque num illud carmen desipientis videretur; quo recitato, sententiis iudicum est liberatus. 23. Num igitur hunc, num Homerum, Hesiodum, Simonidem, Stesichorum, num, quos ante dixi, Isocratem, Gorgiam, num philosophorum principes, Pythagoram, Democritum, num Platonem, num Xenocratem, num postea Zenonem, Cleanthem aut eum quem vos etiam vidistis Romae, Diogenem stoicum, coegit in suis studiis obmutescere senectus? An in omnibus studiorum agitatio vitae aequalis fuit?

24. Age, ut ista divina studia omittam, possum nominare ex agro Sabino rusticos Romanos, vicinos et familiares meos, quibus absentibus numquam fere ulla in agro maiora opera fiunt, non serundis, non percipiundis, non condundis fructibus. Quamquam in illis minus hoc mirum est: nemo enim tam senex qui se annum non putet posse vivere; sed etiam in iis elaborant quae sciunt nihil ad se omnino pertinere:

> Serit arbores, quae alteri saeculo prosient.

ut ait Statius noster in Synephebis. 25. Nec vero dubitat agricola, quamvis sit senex, quaerenti cui serat, respondere: «Dis immortalibus, qui me non accipere modo haec a maioribus voluerunt, sed etiam posteris prodere».

VIII. *Et melius Caecilius de sene alteri saeculo prospiciente quam illud idem:*

> Edepol, senectus, si nil quicquam aliud viti
> Adportes tecum cum advenis, unum id sat est
> Quod diu vivendo multa quae non volt videt.

giureconsulti, dei pontefici? degli auguri, dei filosofi? Quante cose ricordano da vecchi! Rimane intatta ai vecchi l'intelligenza, a patto che rimangano fermi gli interessi e l'operosità, e questo non solo in uomini illustri e famosi, ma anche in chi ha avuto una vita riservata e quieta. Sofocle [53] scrisse tragedie fino alla vecchiaia avanzata: per questo, poiché sembrava che trascurasse gli interessi della famiglia a causa di questi impegni letterari, fu chiamato in giudizio dai figli: allo stesso modo che, secondo il nostro costume, i padri che amministrano male le loro sostanze sogliono essere interdetti dai beni, così lui, tale e quale che se fosse un incapace, doveva essere interdetto, dai giudici, dall'amministrazione familiare. Si racconta così che il vecchio poeta recitasse ai giudici la tragedia che aveva fra le mani e che aveva scritto da poco, *Edipo a Colono*, e che chiedesse loro se quell'opera sembrasse scritta da un rimbambito. Dopo aver recitato il brano il poeta fu prosciolto dai giudici. 23. Forse che lui, forse che Omero, forse che Esiodo [54] e Simonide [55] e Stesicoro [56], forse che Isocrate [57] e Gorgia [58], che ho ricordato prima, forse che i principi dei filosofi, Pitagora [59], Democrito [60] e Platone e Senocrate [61] e poi Zenone [62], e Cleante [63], o quello che anche voi avete visto a Roma, Diogene lo Stoico [64], la vecchiaia li costrinse ad ammutolirsi nei loro studi? O al contrario fu eguale in tutti loro l'attività e lo studio?

24. E poi per lasciar da parte queste divine inclinazioni, posso nominare i contadini romani della campagna sabina, miei vicini ed amici, che, senza di loro, nei campi non si farebbe quasi nessun lavoro di quelli importanti; non si seminerebbe, non si raccoglierebbe, non si riporrebbero i frutti della terra. Benché per loro questo è meno sorprendente: nessuno infatti è tanto vecchio da non credere di poter vivere un altro anno; ma loro si dedicano anche ad altri lavori, che sanno bene non riguardarli:

> Lui pianta alberi, che saranno utili a un'altra generazione

come dice il nostro Stazio [65] nei *Sinefebi*. 25. E invece il contadino, per quanto sia vecchio, non esita a rispondere a chi gli chiede per chi semina: «Per gli dèi immortali, che non hanno voluto soltanto che io ricevessi tutto questo dagli avi, ma che lo trasmettessi anche ai posteri».

VIII. E dice meglio Cecilio [66] (Stazio) quando parla del vecchio che si preoccupa della futura generazione, che non nell'altro verso:

> Per Polluce, vecchiaia, se nessun altro guaio
> Con te portassi quando arrivi, questo solo è bastante:
> Che chi vive a lungo, vede molte cose che non vuole.

– *et multa fortasse quae volt! Atque in ea quae non volt saepe etiam adulescentia incurrit. Illud vero idem Caecilius vitiosius:*

> *Tum equidem in senecta hoc deputo miserrumum,*
> *Sentire ea aetate eumpse esse odiosum alteri.*

26. – *iucundum potius quam odiosum! ut enim adulescentibus bona indole praeditis sapientes senes delectantur leviorque fit senectus eorum qui a iuventute coluntur et diliguntur, sic adulescentes senum praeceptis gaudent, quibus ad virtutum studia ducuntur; nec minus intellego me vobis quam mihi vos esse iucundos.*

Sed videtis ut senectus non modo languida atque iners non sit, verum etiam sit operosa et semper agens aliquid et moliens, tale scilicet quale cuiusque studium in superiore vita fuit. Quid, qui etiam addiscunt aliquid? ut et Solonem versibus gloriantem videmus qui se cotidie aliquid addiscentem dicit senem fieri, et ego feci, qui litteras Graecas senex didici; quas quidem sic avide adripui quasi diuturnam sitim explere cupiens, ut ea ipsa mihi nota essent quibus me nunc exemplis uti videtis. Quod cum fecisse Socratem in fidibus audirem, vellem equidem etiam illud – discebant enim fidibus antiqui – ; sed in litteris certe elaboravi.

IX. 27. *Nec nunc quidem viris desidero adulescentis – is enim erat locus alter de vitiis senectutis – non plus quam adulescens tauri aut elephanti desiderabam. Quod est eo decet uti et quidquid agas agere pro viribus. Quae enim vox potest esse contemptior quam Milonis Crotoniatae? qui, cum iam senex esset athletasque se exercentis in curriculo videret, adspexisse lacertos suos dicitur illacrimansque dixisse: «At hi quidem mortui iam sunt». – Non vero tam isti quam tu ipse, nugator! neque enim ex te umquam es nobilitatus, sed ex lateribus et lacertis tuis. Nihil Sex. Aelius tale, nihil multis annis ante Ti. Coruncanius, nihil modo P. Crassus, a quibus iura civibus praescribebantur; quorum usque ad extremum spiritum est provecta prudentia.* 28. *Orator metuo ne languescat senectute; est enim munus*

Ma forse vede anche molte cose che vuole! Inoltre anche la giovinezza incorre spesso in certe cose che non vuole. Lo stesso Cecilio lo dice in un passo ancora peggiore:

> Per certo, nella vecchiaia, questo io reputo più miserevole:
> Avere la sensazione di essere diventato, a quell'età, odioso agli altri.

26. Gradito, piuttosto che odioso! Come infatti i vecchi sapienti si compiacciono dei giovani dotati di buona indole, e la loro vecchiaia diventa più leggera, quando sono frequentati ed amati dalla gioventù, così i giovani godono degli insegnamenti dei vecchi, che li guidano alla pratica delle virtù. E io capisco di non essere meno gradito a voi, di quanto voi lo siate a me.

Piuttosto vedete come la vecchiaia non solo non è fiacca e inerte, ma è anche operosa e sempre in attività, in movimento, tale e quale, naturalmente, fu l'impegno di ciascuno nell'età passata. E che dire dei vecchi che sono capaci di imparare cose nuove? Così vediamo Solone[67] vantarsi dei suoi versi e dire che ogni giorno impara qualcosa di nuovo, mentre sta invecchiando, e ho fatto lo stesso anch'io, che ho imparato la letteratura greca[68] da vecchio; e mi ci sono buttato sopra con tanta avidità, quasi che bramassi saziare una lunga sete, così che ora ne sono così padrone, che mi vedete usarla nelle mie citazioni. Avendo sentito dire ciò che fece Socrate[69] con la cetra, avrei voluto farlo anch'io, perché gli antichi studiavano la cetra, ma poi mi sono dedicato completamente alla letteratura.

IX. 27. Ora neppure rimpiango la vigoria della giovinezza (questo infatti era l'altro punto degli inconvenienti della vecchiaia), non più di quanto da ragazzo desideravo di avere la forza di un toro o di un elefante. Di ciò che abbiamo, solo di questo è lecito far uso, e qualunque cosa fai, falla secondo le tue forze. Infatti quale affermazione può essere più sprezzabile di quella di Milone di Crotone[70]? Questi, quando era vecchio, guardando gli atleti che si esercitavano in pista, si dice che guardò le sue braccia e sbottando a piangere esclamò: «Ma queste davvero sono già morte!». Non tanto le braccia, quanto tu stesso, che parli a vanvera, sei già morto! E infatti non da te stesso sei stato mai nobilitato, ma dai tuoi polmoni e dai tuoi muscoli. Niente di simile avrebbe detto Sesto Elio[71], e neppure, molti anni prima, Tiberio Coruncanio[72], e nemmeno, poco tempo fa, Publio Crasso[73], uomini dai quali furono promulgate le norme giuridiche per i loro concittadini; la loro saggezza la conservarono fino all'ultimo respiro. 28. L'oratore invece ha paura che si infiac-

eius non ingeni solum, sed laterum etiam et virium. Omnino canorum illud in voce splendescit etiam nescio quo pacto in senectute; quod equidem adhuc non amisi, et videtis annos. Sed tamen est decorus senis sermo quietus et remissus, facitque per se ipsa sibi audientiam diserti senis compta et mitis oratio. Quam si exsequi nequeas, possis tamen Scipioni praecipere et Laelio: quid enim est iucundius senectute stipata studiis iuventutis? 29. An ne talis quidem viris senectuti relinquemus, ut adulescentis doceat, instituat, ad omne offici munus instruat? Quo quidem opere quid potest esse praeclarius? Mihi vero et Cn. et P. Scipiones et avi tui duo, L. Aemilius et P. Africanus, comitatu nobilium iuvenum fortunati videbantur, nec ulli bonarum artium magistri non beati putandi, quamvis consenuerint vires atque defecerint. Etsi ipsa ista defectio virium adulescentiae vitiis efficitur saepius quam senectutis: libidinosa enim et intemperans adulescentia effetum corpus tradit senectuti. 30. Cyrus quidem apud Xenophontem eo sermone quem moriens habuit, cum admodum senex esset, negat se umquam sensisse senectutem suam imbecilliorem factam quam adulescentia fuisset. Ego L. Metellum memini puer, qui, cum quadriennio post alterum consulatum pontifex maxumus factus esset, viginti et duos annos ei sacerdotio praefuit, ita bonis esse viribus extremo tempore aetatis ut adulescentiam non requireret. Nihil necesse est mihi de me ipso dicere, quamquam est id quidem senile aetatique nostrae conceditur.

X. 31. *Videtisne ut apud Homerum saepissume Nestor de virtutibus suis praedicet? Tertiam iam enim aetatem hominum videbat, nec erat ei verendum ne vera praedicans de se nimis videretur aut insolens aut loquax: etenim, ut ait Homerus, «ex eius lingua melle dulcior fluebat oratio». Quam ad suavitatem nullis egebat corporis viribus; et tamen dux ille Graeciae nusquam optat ut Aiacis similis habeat decem, sed ut Nestoris; quod si sibi acciderit, non dubitat quin brevi sit Troia peritura.*

chisca con la vecchiaia, perché il suo impegno non dipende solo dall'intelletto, ma anche dai polmoni e dalla loro forza. È pur certo che, non so per qual motivo, quella certa sonorità di voce si sviluppa anche in vecchiaia. Io per certo non ho perduto la mia voce, e voi sapete quanti anni ho! Ma tuttavia è più decoroso che il parlare di un vecchio sia sereno e pacato. L'orazione composta e misurata di un vecchio eloquente si concilia, di per se stessa, l'uditorio. Se poi tu non sei capace di esercitare l'oratoria, puoi tuttavia dare lezione a Scipione e a Lelio [74]! Che c'è infatti di più gradevole di una vecchiaia circondata da giovani desiderosi di imparare? 29. O non vogliamo lasciare alla vecchiaia neanche quelle forze bastanti, per insegnare ai giovani, per educarli e istruirli ad ogni dovere del loro ufficio? Che cosa ci può essere infatti di più eccellente di questa occupazione? A me sembrava infatti che Gneo [75] e Publio Scipione e i tuoi due nonni, Lucio Emilio [76] e Publio Africano, fossero fortunati con quella loro compagnia di nobili giovani, e che nessun maestro di belle arti debba essere stimato infelice, anche se gli si sono infiacchite e venute meno le forze. Del resto questo abbandono delle forze deriva più spesso dai vizi della giovinezza che dalla vecchiaia. Difatti una giovinezza libidinosa e intemperante tramanda alla vecchiaia un corpo spossato. 30. A dire il vero Ciro [77], secondo Senofonte [78], in quel discorso che fece quando stava per morire, già molto vecchio, dice di non essersi mai accorto, in vecchiaia, di essere diventato più debole di quanto non lo fosse stato da giovane. Io, quando ero ragazzo, mi ricordo Lucio Metello [79] che, eletto Pontefice Massimo nel quadriennio dopo il suo secondo consolato, presiedette per 22 anni quell'ordine sacerdotale, ed era così in forze nell'ultimo periodo della sua vita, che non rimpiangeva affatto la giovinezza. Non ho nessun bisogno di parlare di me stesso, anche se questa debolezza è tipica della senilità, ed è concessa alla nostra età.

X. 31. Avete notato come in Omero Nestore [80] molte volte vanti le sue virtù, i suoi meriti? Lui già aveva visto la terza generazione di uomini e non doveva certo temere che dicendo il vero su di sé potesse sembrare troppo invadente o troppo vanaglorioso. E infatti, come dice Omero, «dalla sua lingua fluiva il discorso più dolce del miele». E per quella soavità non aveva nessun bisogno delle forze del corpo. E tuttavia quel famoso comandante in capo dei Greci [81] mai esprime il desiderio di avere dieci uomini simili ad Aiace [82], bensì di averli simili a Nestore: che se questo gli fosse capitato, non dubitava che Troia sarebbe caduta in breve tempo.

32. *Sed redeo ad me: quartum ago annum et octogesimum; vellem equidem idem possem gloriari quod Cyrus, sed tamen hoc queo dicere non me quidem iis esse viribus quibus aut miles bello Punico aut quaestor eodem bello aut consul in Hispania fuerim aut quadriennio post, cum tribunus militaris depugnavi apud Thermopylas M'. Acilio Glabrione consule, sed tamen, ut vos videtis, non plane me enervavit, non adflixit senectus, non curia viris meas desiderat, non rostra, non amici, non clientes, non hospites. Nec enim umquam sum adsensus veteri illo laudatoque proverbio quod monet mature fieri senem, si diu velis senex esse; ego vero me minus diu senem esse mallem quam esse senem ante quam essem. Itaque nemo adhuc convenire me voluit cui fuerim occupatus.*

33. *At minus habeo virium quam vestrum utervis. – Ne vos quidem T. Ponti centurionis viris habetis; num idcirco est ille praestantior? Moderatio modo virium adsit et tantum quantum potest quisque nitatur; ne ille non magno desiderio tenebitur virium. Olympiae per stadium ingressus esse Milo dicitur, cum umeris sustineret bovem. Utrum igitur has corporis an Pythagorae tibi malis viris ingeni dari? Denique isto bono utare dum adsit; cum absit, ne requiras, nisi forte adulescentes pueritiam, paululum aetate progressi adulescentiam debent requirere. Cursus est certus aetatis et una via naturae eaque simplex suaque cuique parti aetatis tempestivitas est data, ut et infirmitas puerorum et ferocitas iuvenum et gravitas iam constantis aetatis et senectutis maturitas naturale quiddam habeat, quod suo tempore percipi debeat.* 34. *Audire te arbitror, Scipio, hospes tuus avitus Masinissa quae faciat hodie nonaginta natus annos: cum ingressus iter pedibus sit, in equum omnino non adscendere; cum autem equo, ex equo non descendere; nullo imbri, nullo frigore adduci ut capite operto sit; summam esse in eo siccitatem corporis; itaque omnia exsequi regis officia et munera. Potest igitur exercitatio et temperantia etiam in senectute conservare aliquid pristini roboris.*

XI. *Non sunt in senectute vires – Ne postulantur quidem vires a senectute. Ergo et legibus et institutis vacat aetas nostra muneribus iis*

32. Ma torniamo a me. Ho 84 anni, vorrei tanto potermi gloriare come Ciro, ma questo posso dire: non ho certo quelle forze che avevo quando ero soldato nella guerra punica o questore nella stessa guerra, o console [83] in Spagna o nel successivo quadriennio, quando combattevo come tribuno militare alle Termopili [84] sotto il console Manlio Acilio Glabrione, tuttavia, come voi vedete, la vecchiaia non mi ha certo snervato, non mi ha buttato giù; e il Senato non sente la mancanza delle mie forze, e nemmeno la Curia [85] le richiede, né gli amici, né i clienti [86], né gli ospiti. Del resto non ho mai approvato quel vecchio e celebre proverbio, che ammonisce di «diventare vecchi presto, se si vuole essere vecchi a lungo». Io per me preferirei essere vecchio il meno a lungo possibile, anziché essere vecchio prima di esserlo. Per questo, finora, chiunque ha voluto incontrarmi, mi ha trovato a sua disposizione.

33. Certo ho meno forze di voi due. Ma neanche voi avete le forze del centurione Tito Ponzio [87]. Forse che per questo lui è superiore a voi due? Basta che ciascuno moderi le sue forze e si sforzi solo quel tanto che può, e non sentirà affatto il rimpianto per le energie perdute. Si dice che Milone [88] fece ingresso nello stadio di Olimpia portando sulle spalle un bove. Dunque che preferiresti che ti si desse questa forza del corpo, o la forza intellettuale di Pitagora [89]? Insomma avvaliti di questo bene finché c'è: quando non c'è più, non rimpiangerlo, a meno che i giovani debbano rimpiangere l'infanzia, e quelli un po' più avanti con l'età debbano rimpiangere la giovinezza. Il corso della vita è immutabile e la strada della natura è una sola, e semplice, a ciascun periodo della vita è stata data la sua opportunità, in modo che la debolezza dei bambini, l'irruenza dei giovani, la serietà dell'età di mezzo e la maturità della vecchiaia abbiano ciascuna la sua caratteristica naturale, che deve essere apprezzata a suo tempo.

34. Penso che tu, Scipione, abbia sentito dire che cosa fa oggi, all'età di 90 anni Massinissa [90], l'ospite di tuo nonno. Quando ha cominciato un viaggio a piedi, non sale assolutamente a cavallo, se invece l'ha cominciato a cavallo, non scende più dalla cavalcatura, non si lascia indurre da nessuno scroscio di pioggia né barba di freddo a coprirsi la testa, è molto asciutto di corpo e così può ottemperare a tutti gli obblighi e i doveri di un re. Dunque l'esercizio e la temperanza possono conservare anche nella vecchiaia qualcosa della primitiva energia.

XI. «Non ci sono più forze nella vecchiaia!» Ma neppure sono richieste le forze dalla vecchiaia. E infatti la nostra età è scevra, per via delle leggi e delle consuetudini, da quegli obblighi, che

quae non possunt sine viribus sustineri. Itaque non modo quod non possumus, sed ne quantum possumus quidem cogimur.

35. *At multi ita sunt imbecilli senes ut nullum offici aut omnino vitae munus exsequi possint. – At id quidem non proprium senectutis vitium est, sed commune valetudinis. Quam fuit imbecillus P. Africani filius, is qui te adoptavit! quam tenui aut nulla potius valetudine! Quod ni ita fuisset, alterum illud exstitisset lumen civitatis: ad paternam enim magnitudinem animi doctrina uberior accesserat. Quid mirum igitur in senibus si infirmi sint aliquando, cum id ne adulescentes quidem effugere possint? Resistundum, Laeli et Scipio, senectuti est, eiusque vitia diligentia compensanda sunt, pugnandum, tamquam contra morbum, sic contra senectutem, habenda ratio valetudinis.* 36. *utundum exercitationibus modicis, tantum cibi et potionis adhibendum ut reficiantur vires non opprimantur. Nec vero corpori solum subveniundum est, sed menti atque animo multo magis: nam haec quoque, nisi, tamquam lumini, oleum instilles, exstinguuntur senectute; et corpora quidem exercitationum defatigatione ingravescunt, animi autem se exercendo levantur. Nam quos ait Caecilius «comicos stultos senes» hos significat credulos, obliviosos, dissolutos, quae vitia sunt non senectutis, sed inertis, ignavae, somniculosae senectutis. Ut petulantia, ut libido magis est adulescentium quam senum, nec tamen omnium adulescentium, sed non proborum, sic ista senilis stultitia quae deliratio appellari solet senum levium est, non omnium.* 37. *Quattuor robustos filios, quinque filias, tantam domum, tantas clientelas Appius regebat et caecus et senex: intentum enim animum tamquam arcum habebat nec languescens succumbebat senectuti; tenebat non modo auctoritatem, sed etiam imperium in suos: metuebant servi, verebantur liberi, carum omnes habebant; vigebat in illa domo mos patrius et disciplina.* 38. *Ita enim senectus honesta est, si se ipsa defendit, si ius suum retinet, si nemini emancipata est, si usque ad ultimum spiritum dominatur in suos. Ut enim adulescentem in quo est senile aliquid, sic senem in quo est aliquid adulescentis probo; quod qui sequitur, corpore senex esse poterit, animo numquam erit.*

Septimus mihi liber Originum est in manibus, omnia antiquitatis

non si possono ottemperare senza la forza fisica. Cosicché, non siamo costretti non solo a fare ciò che non possiamo, ma neppure quello che potremmo fare.

35. Eppure molti vecchi sono così deboli, che non possono svolgere nessun impegno, né addirittura assolvere le loro funzioni vitali. Ma questo non è certo un difetto proprio della vecchiaia, bensì della salute. Quanto era debole il figlio di Publio Africano [91], quello che ti ha adottato! Che uomo di poca, anzi di nessuna salute! Che se non fosse stato così, si sarebbe rivelato il secondo astro della nostra città: difatti alla grandezza d'animo del padre si aggiungeva una cultura più ricca. Che c'è da meravigliarsi dunque se i vecchi, qualche volta, sono ammalati, dato che questo guaio non lo possono sfuggire neanche i giovani? Bisogna resistere alla vecchiaia, cari Lelio e Scipione, e i suoi acciacchi si devono compensare con le cure: bisogna combattere contro la vecchiaia, così come contro una malattia. 36. Bisogna avere il controllo della salute, bisogna fare modesti esercizi fisici, prendere quel tanto di cibo e di bevanda da ravvivare le forze, non da reprimerle. E non bisogna sovvenire solo al corpo, ma anche e molto di più alla mente e allo spirito. Perché anche questi, se non ci metti l'olio come a un lume, si vanno spegnendo con la vecchiaia. Il corpo, con gli sforzi fisici, si rinfiacchisce, mentre lo spirito, tenendolo in esercizio, si alleggerisce. Infatti quelli che Cecilio [92] chiama «vecchi stolti da commedia», sono secondo lui i vecchi creduloni, smemorati, dissoluti: difetti che sono non della vecchiaia di per sé, ma di una vecchiaia inoperosa, svogliata, sonnolenta. Come l'arroganza e la lussuria sono più dei giovani che dei vecchi, e tuttavia non di tutti i giovani, ma solo di quelli meno probi, così questa stoltezza senile, che si suol chiamare dissennatezza, è tipica dei vecchi leggeri, non di tutti. 37. Appio [93], pur se cieco e vecchio, sapeva guidare quattro vigorosi figli, cinque figlie, una casa così grande e una così numerosa clientela [94]: aveva infatti uno spirito teso come un arco e non soccombeva, infiacchendosi, alla vecchiaia, ma manteneva verso i suoi non solo l'autorità, ma anche il dominio [95]. Lo temevano gli schiavi, lo rispettavano i figli, tutti lo avevano caro: vigeva in quella casa il costume e la disciplina dei padri [96]. 38. Tanto infatti è onorata la vecchiaia, quanto sa difendersi da se stessa e sa conservare i suoi diritti, e a nessuno cede la sua autorità, e sa dominare i suoi famigliari fino all'ultimo respiro. Come approvo dunque il giovane in cui c'è qualcosa di senile, così approvo il vecchio in cui c'è qualcosa di adolescente: chi segue questa regola potrà essere vecchio nel corpo, ma non lo sarà mai nello spirito.

Ho per le mani il settimo libro del mio *Le Origini* [97]: vi raccolgo

monumenta colligo, causarum illustrium quascumque defendi nunc cum maxume conficio orationes, ius augurium, pontificium, civile tracto, multumque etiam Graecis litteris utor, Pythagoreorumque more, exercendae memoriae gratia, quid quoque die dixerim, audierim, egerim, commemoro vesperi. Hae sunt exercitationes ingeni, haec curricula mentis, in his desudans atque elaborans corporis viris non magnopere desidero. Adsum amicis, venio in senatum frequens ultroque adfero res multum et diu cogitatas easque tueor animi, non corporis, viribus. Quae si exsequi nequirem, tamen me lectulus meus oblectaret ea ipsa cogitantem quae iam agere non possem; sed ut possim facit acta vita: semper enim in his studiis laboribusque viventi non intellegitur quando obrepat senectus; ita sensim sine sensu aetas senescit, nec subito frangitur, sed diuturnitate exstinguitur.

XII. 39. *Sequitur tertia vituperatio senectutis, quod eam carere dicunt voluptatibus. O praeclarum munus aetatis, si quidem id aufert a nobis quod est in adulescentia vitiosissumum! Accipite enim, optumi adulescentes, veterem orationem Archytae Tarentini, magni in primis et praeclari viri, quae mihi tradita est, cum essem adulescens Tarenti cum Q. Maximo. Nullam capitaliorem pestem quam voluptatem corporis hominibus dicebat a natura datam, cuius voluptatis avidae libidines temere et effrenate ad potiundum incitarentur.* 40. *Hinc patriae proditiones, hinc rerum publicarum eversiones, hinc cum hostibus clandestina colloquia nasci, nullum denique scelus, nullum malum facinus esse ad quod suscipiundum non libido voluptatis impelleret; stupra vero et adulteria et omne tale flagitium nullis excitari aliis illecebris nisi voluptatis; cumque homini sive natura sive quis deus nihil mente praestabilius dedisset, huic divino muneri ac dono nihil tam esse inimicum quam voluptatem.* 41. *Nec enim libidine dominante temperantiae locum esse, neque omnino in voluptatis regno virtutem*

tutti i documenti dell'antichità, attualmente sto riunendo tutte le orazioni delle cause più importanti che ho difeso, mi occupo di diritto degli Auguri [98], di diritto dei Pontefici [99] e di diritto civile, mi dedico molto anche alla letteratura greca, e secondo il metodo dei Pitagorici [100], per esercitare la memoria, la sera mi ripasso quello che ogni giorno ho detto, ho ascoltato, ho fatto. Questa è la ginnastica dell'intelletto, queste sono le esercitazioni della mente: sudando e faticando in questa attività, non sento affatto il bisogno delle forze del corpo. Assisto gli amici, vado spesso al Senato e di mia volontà porto proposte su cui ho molto e a lungo riflettuto e le difendo con le forze dello spirito, non con quelle del corpo. E se non potessi fare queste cose, tuttavia il mio divano mi darebbe diletto mentre sto meditando su quelle cose che ormai non posso più fare, ma posso farle vivere nella mente. E infatti, chi vive sempre in queste occupazioni e in queste attività non percepisce quando la vecchiaia si avvicina strisciando [101]. Così piano piano, insensibilmente, l'età invecchia, e non si infrange di colpo, ma si estingue giorno per giorno.

XII. 39. Segue ora la terza recriminazione contro la vecchiaia: che essa manca, dicono, dei piaceri sessuali. O splendido dono dell'età, se ci porta via quello che nella giovinezza c'è di più vizioso. Leggetevi infatti, ottimi giovani, una vecchia orazione di Archita [102] di Taranto, un uomo grande fra i più grandi, e illustre, orazione che mi fu fatta leggere quando ero giovane e mi trovavo a Taranto con Quinto Massimo [103]. Diceva che nessuna parte più mortale della voluttà del corpo è stata data agli uomini dalla natura; e le avide passioni di questa voluttà li eccitano ciecamente e sfrenatamente, per impadronirsi di loro. 40. Di qui i tradimenti [104] della Patria, di qui il sovvertimento dello Stato, di qui nascono gli accordi clandestini con il nemico; infine non c'è nessun delitto, nessuna azione malvagia che la libidine del piacere non spinga a intraprendere; e invero gli stupri, gli adulterii ed ogni simile scelleratezza non sono provocati da nessun altro allettamento se non dalla voluttà; e se all'uomo nulla di più nobile della mente ha dato la natura o qualche dio, a questo divino dono nulla è tanto nemico, quanto la voluttà. 41. E infatti quando domina la dissolutezza non c'è posto per la temperanza, né per certo, quando regna la voluttà, può sussistere la virtù. Perché questo si potesse capire meglio, egli esortava ognuno a immaginare un uomo eccitato da tanta voluttà dei sensi, quanta se ne può provare al massimo della libidine [105]: e reputava che nessuno avrebbe messo in dubbio che, per tutto il tempo che quello fosse così preso dal godimento sessuale, non potesse pen-

posse consistere. Quod quo magis intellegi posset, fingere animo iubebat tanta incitatum aliquem voluptate corporis quanta percipi posset maxuma: nemini censebat fore dubium quin, tam diu dum ita gauderet, nihil agitare mente, nihil ratione, nihil cogitatione consequi posset. Quocirca nihil esse tam detestabile quam voluptatem, si quidem ea, cum maior esset atque longior, omne animi lumen exstingueret. Haec cum C. Pontio Samnite, patre eius a quo Caudino proelio Sp. Postumius, T. Veturius consules superati sunt, locutum Archytam Nearchus Tarentinus, hospes noster, qui in amicitia populi Romani permanserat, se a maioribus natu accepisse dicebat, cum quidem ei sermoni interfuisset Plato Atheniensis, quem Tarentum venisse L. Camillo, Ap. Claudio consulibus reperio.

42. Quorsus hoc? ut intellegeretis, si voluptatem aspernari ratione et sapientia non possemus, magnam habendam esse senectuti gratiam, quae efficeret ut id non luberet quod non oporteret. Impedit enim consilium voluptas, rationi inimica est, mentis, ut ita dicam, praestringit oculos, nec habet ullum cum virtute commercium. Invitus feci ut fortissumi viri T. Flaminini fratrem, L. Flamininum, e senatu eicerem, septem annis post quam consul fuisset, sed notandam putavi libidinem. Ille enim, cum esset consul in Gallia, exoratus in convivio a scorto est ut securi feriret aliquem eorum qui in vinculis essent, damnati rei capitalis. Hic Tito fratre suo censore, qui proxumus ante me fuerat, elapsus est; mihi vero et Flacco neutiquam probari potuit tam flagitiosa et tam perdita libido, quae cum probro privato coniungeret imperi dedecus.

XIII. 43. *Saepe audivi a maioribus natu, qui se porro pueros a senibus audisse dicebant, mirari solitum C. Fabricium quod, cum apud regem Pyrrhum legatus esset, audisset a Thessalo Cinea esse quendam Athenis qui se sapientem profiteretur eumque dicere omnia quae faceremus ad voluptatem esse referunda. Quod ex eo audientis M'. Curium et Ti. Coruncanium optare solitos ut id Samnitibus ipsique Pyrrho persuaderetur, quod facilius vinci possent cum se voluptatibus dedissent. Vixerat M'. Curius cum P. Decio, qui quinquennio ante eum consulem se pro re publica quarto consulatu devoverat; norat eundem Fabricius, norat Coruncanius; qui cum ex sua vita tum ex eius quem dico Deci facto iudicabant esse profecto aliquid*

sare nulla di buono con la mente, e nulla conseguire con il ragionamento e con la riflessione. Per questo niente è più detestabile della voluttà, se è vero che essa quanto più è violenta e duratura, tanto più spegne ogni lume dello spirito. Di queste cose parlava Archita [106] con il sannita C. Ponzio [107], padre di colui che vinse, nella battaglia presso le Forche [108] Caudine, i consoli Spurio Postumio [109] e Tito Veturio; così Nearco Tarentino [110], nostro ospite, che era rimasto amico del popolo romano, diceva di averlo saputo dai più vecchi. Era pure intervenuto a quella conversazione Platone Ateniese, che era venuto a Taranto, mi risulta, sotto il consolato di Lucio Emilio e Appio Claudio.

42. A che pro ho detto questo? Perché possiate capire che se non siamo capaci di disprezzare la voluttà con la ragione e la saggezza, dobbiamo fare grandi ringraziamenti alla vecchiaia, che fa in modo che non ci piaccia ciò che non è conveniente. La voluttà, infatti, è di impedimento al senno, è nemica della ragione, offusca, per così dire, gli occhi della mente e non ha alcun rapporto con la virtù. Malvolentieri decisi di cacciare dal Senato, sette anni dopo che era stato console, Lucio Flaminino [111], fratello di quel valentissimo uomo che fu Tito Flaminino [112], ma reputai che la sua vita libidinosa dovesse essere messa all'indice. Egli infatti, mentre era in Gallia da console, durante un banchetto fu pregato da una prostituta di uccidere con la scure [113] uno di quelli che erano in carcere, condannati a morte. Egli, mentre era censore Tito [114] suo fratello, che lo fu subito prima di me, sfuggì alla punizione. Ma in nessun modo da me e da Flacco poté [115] essere approvata una così vergognosa ed empia libidine, che alla vergogna privata aggiungeva il disonore dello Stato.

XIII. 43. Spesso ho sentito dire dai più anziani, che asserivano di averlo sentito dire dai vecchi, quando erano ragazzi, che Gaio Fabrizio [116] era solito meravigliarsi del fatto che quando era ambasciatore presso il re Pirro, avesse sentito dire dal Tessalo Cinèa [117], che ad Atene c'era un tale che si professava un saggio e che diceva che tutte le cose da noi fatte, si dovessero attribuire alla libido. Sentendo dire da lui queste cose, Manlio Curio [118] e Tiberio Coruncanio, ogni volta si auguravano che di questo si convincessero i Sanniti e lo stesso Pirro, affinché potessero essere sconfitti più facilmente, se si fossero abbandonati alle voluttà della carne. Manlio Curio aveva vissuto con Publio Decio [119], il quale, cinque anni prima che lui fosse console, si era votato alla Repubblica, durante il suo quarto consolato, dandosi la morte: l'aveva conosciuto anche Fabrizio, lo aveva conosciuto Coruncanio; e questi, sia dalla loro vita, sia dal comportamento

natura pulchrum atque praeclarum, quod sua sponte peteretur quodque, spreta et contempta voluptate, optumus quisque sequeretur. 44. Quorsus igitur tam multa de voluptate? Quia non modo vituperatio nulla, sed etiam summa laus senectutis est quod ea voluptates nullas magnopere desiderat. Caret epulis exstructisque mensis et frequentibus poculis; caret ergo etiam vinolentia et cruditate et insomniis.

Sed si aliquid dandum est voluptati, quoniam eius blanditiis non facile obsistimus, – divine enim Plato «escam malorum» appellat voluptatem, quod ea videlicet homines capiantur ut pisces – quamquam immoderatis epulis caret senectus, modicis tamen conviviis delectari potest. C. Duellium, M. filium, qui Poenos classe primus devicerat, redeuntem a cena senem saepe videbam puer: delectabatur cereo funali et tibicine, quae sibi nullo exemplo privatus sumpserat; tantum licentiae dabat gloria! 45. Sed quid ego alios? ad me ipsum iam revertar. Primum habui semper sodalis; sodalitates autem me quaestore constitutae sunt, sacris Idaeis Magnae Matris acceptis; epulabar igitur cum sodalibus omnino modice, sed erat quidam fervor aetatis; qua progrediente, omnia fiunt in dies mitiora; neque enim ipsorum conviviorum delectationem voluptatibus magis quam coetu amicorum et sermonibus metiebar. Bene enim maiores accubitionem epularem amicorum, quia vitae coniunctionem haberet, convivium nominaverunt, melius quam Graeci qui hoc idem tum compotationem tum concenationem vocant, ut, quod in eo genere minumum est, id maxume probare videantur.

XIV. 46. *Ego vero propter sermonis delectationem tempestivis quoque conviviis delector, nec cum aequalibus solum, qui pauci iam admodum restant, sed cum vestra etiam aetate atque vobiscum, habeoque senectuti magnam gratiam quae mihi sermonis aviditatem auxit, potionis et cibi sustulit. Quodsi quem etiam ista delectant – ne omnino bellum indixisse videar voluptati, cuius est fortasse quidam naturalis modus –, non intellego ne in istis quidem ipsis voluptatibus*

di quel Decio (Mure) di cui parlo, ne deducevano che sicuramente c'è in natura qualcosa di sublime e di nobile, che di per sé viene ricercato e che i migliori degli uomini perseguono, condannando e disprezzando la libidine. 44. Ma perché dunque tanti argomenti contro la libidine? Perché non solo non c'è alcun biasimo, ma per di più è il sommo vanto della vecchiaia il fatto che essa non desideri più nessuna voluttà in assoluto. Fa a meno dei banchetti e delle gozzoviglie, e delle abbondanti libagioni, fa a meno anche delle sbornie e delle indigestioni e dei conseguenti brutti sogni [120].

Ma se qualcosa si deve concedere alla voluttà, perché non sappiamo resistere facilmente alle sue blandizie, – (divinamente infatti Platone [121] chiama la voluttà «esca dei mali», perché evidentemente gli uomini si lasciano prendere da lei come pesci all'amo) – sebbene la vecchiaia si privi dei banchetti smodati, tuttavia può prender diletto da convivi moderati. Da bambino vedevo spesso il vecchio Gaio Duilio [122], figlio di Marco, che aveva vinto per primo i Cartaginesi con la flotta, ritornare dalle cene, e aveva piacere di portare con sé fiaccole e flautisti, che lui da privato, senza precedenti [123], si era procurato: tanta libertà gli dava la gloria! 45. Ma perché parlo tanto degli altri? Ritorno subito su di me. Prima di tutto io ho sempre avuto amici di sodalizio. Dei sodalizi furono costituiti essendo io questore, quando fu inaugurato il culto idèo della Gran Madre [124]. E quindi, banchettavo con i miei sodali, con tutta moderazione, ma vi era un certo ardore della giovane età; col progredire degli anni tutto diventa, di giorno in giorno, più tranquillo. E infatti misuravo il diletto di questi conviti non più dai piaceri del corpo che dalla compagnia degli amici e dai loro discorsi. Giustamente infatti i nostri antenati chiamavano «convivio» [125] lo sdraiarsi a mensa con gli amici, perché è come una congiunzione di vita, meglio dei Greci, che lo chiamano ora «bevuta insieme», ora «mangiata insieme», cosicché sembra che loro tengano in massimo conto quello che in questo genere di cose è la parte meno importante.

XIV. 46. Io invero, per il piacere della conversazione, mi diletto anche dei banchetti che si dilungano, e non solo con i coetanei, che ormai ne restano pochi, ma anche con i giovani della vostra età e con voi stessi, ed ho molta riconoscenza verso la vecchiaia, che mi ha aumentato il desiderio della conversazione e mi ha tolto quello delle libagioni e delle grandi mangiate. E se qualcuno gode ancora di queste cose, perché non sembri che io abbia assolutamente dichiarato guerra ai piaceri, dei quali forse c'è una norma dettata dalla natura, mi accorgo che neppure in questi

carere sensu senectutem. Me vero et magisteria delectant, a maioribus instituta, et is sermo qui more maiorum a summo [magistro] adhibetur in poculo, et pocula, sicut in Symposio Xenophontis est, «minuta atque rorantia», et refrigeratio aestate et vicissim aut sol aut ignis hibernus; quae quidem etiam in Sabinis persequi soleo, conviviumque vicinorum cotidie compleo, quod ad multam noctem, quam maxume possumus, vario sermone producimus.

47. *At non est voluptatum tanta quasi titillatio in senibus. – Credo, sed ne desideratur quidem; nihil autem est molestum quod non desideres. Bene Sophocles, cum ex eo quidam iam adfecto aetate quaereret utereturne rebus veneriis: «Di meliora! inquit; libenter vero istinc sicut ab domino agresti ac furioso profugi». Cupidis enim rerum talium odiosum fortasse et molestum est carere; satiatis vero et expletis iucundius est carere quam frui; quamquam non caret is qui non desiderat; ergo non desiderare dico esse iucundius.* 48. *Quodsi istis ipsis voluptatibus bona aetas fruitur libentius, primum parvulis fruitur rebus, ut diximus, deinde iis quibus senectus, etiamsi non abunde potitur, non omnino caret. Ut Turpione Ambivio magis delectatur qui in prima cavea spectat, delectatur tamen etiam qui in ultima, sic adulescentia voluptates propter intuens magis fortasse laetatur, sed delectatur etiam senectus procul eas spectans tantum quantum sat est.*

49. *At illa quanti sunt animum, tamquam emeritis stipendiis libidinis, ambitionis, contentionum, inimicitiarum, cupiditatum omnium, secum esse secumque, ut dicitur, vivere! Si vero habet aliquod tamquam pabulum studi atque doctrinae, nihil est otiosa senectute iucundius. Mori videbamus in studio dimetiundi paene caeli atque terrae C. Galum, familiarem patris tui, Scipio; quotiens illum lux noctu aliquid describere ingressum, quotiens nox oppressit cum mane coepisset! quam delectabat eum defectiones solis et lunae multo ante nobis praedicere!* 50. *Quid in levioribus studiis, sed tamen acutis?*

stessi piaceri la vecchiaia è priva di sensibilità. A me invero piacciono i Maestri [126] del Convivio, istituiti dai nostri antenati, e quei discorsi che, secondo il costume degli avi, sono fatti davanti alla coppa di vino, a cominciare dal capo della mensa [127], che sta più in alto; e mi piacciono le coppe, come è scritto nel *Simposio* [128] di Senofonte, piccole e stillanti goccia a goccia, e la frescura d'estate e, alternativamente, il sole o il focolare d'inverno, nei saloni da pranzo. E queste delizie sono solito cercarle anche in Sabina, e ogni giorno riempio la mia tavola di vicini, e il convivio lo facciamo arrivare fino a notte inoltrata, con varie conversazioni, quanto più possiamo.

47. Ma non c'è, come dire?, tanto solletico di piaceri nei vecchi! Lo credo bene, ma nemmeno tanto desiderio: infatti nulla è spiacevole, quando non si rimpianga. Bene rispose Sofocle [129], avendogli chiesto un tale, quando ormai era aggravato dall'età, se ancora facesse uso dei piaceri di Venere: «Gli dèi mi proteggano», disse, «davvero volentieri sono scappato da questi come da un padrone rustico e furioso!». Infatti, per chi è desideroso di tali cose, forse è penoso e fastidioso esserne privo, ma per chi ne è sazio e pieno fino alla nausea, è più gradevole farne a meno che goderne. Benché non ne è privo, di queste cose, chi non le desidera! Perciò questo non desiderare io dico che è la cosa più gradevole. 48. Ché se proprio di questi piaceri la bella età gode più volentieri, prima di tutto gode di piccole cose, come abbiamo detto, e in secondo luogo di queste gioie la vecchiaia, anche se non ne ha in abbondanza, non è priva del tutto. Come gode maggiormente della interpretazione di Turpione Ambivio [130], lo spettatore che lo guarda dalla prima fila, e dopo tutto se lo gode anche chi sta nell'ultima fila, così la gioventù guardando da più vicino i piaceri, forse gode di più, ma anche i vecchi, guardandoli da lontano, ne godono quel tanto che è loro sufficiente.

49. Ma quanto è importante che lo spirito, come se avesse finito il servizio militare [131] del piacere, dell'ambizione, delle contese, delle inimicizie, di tutte le cupidità, resti solo con se stesso e, come si dice, viva per conto proprio!

Se invece riceve qualcosa come un nutrimento dell'intelletto e delle scienze, nulla vi è più piacevole di una tranquilla vecchiaia. Noi vedevamo Gaio Gallo, amico di tuo padre, Scipione, morir dietro a studiare quasi la misura del cielo e della terra; quante volte di notte aveva cominciato a disegnare qualcosa, e lo coglieva la luce dell'alba! Quante volte, quando aveva cominciato al mattino, lo colse la notte! Quanto gli faceva piacere predirci molto tempo prima le eclissi di sole e di luna! 50. E che dire di

Quam gaudebat Bello suo Punico Naevius! quam Truculento Plautus, quam Pseudolo! Vidi etiam senem Livium, qui, cum sex annis ante quam ego natus sum fabulam docuisset Centone Tuditanoque consulibus, usque ad adulescentiam meam processit aetate. Quid de P. Licini Crassi et pontificii et civilis iuris studio loquar, aut de huius P. Scipionis, qui his paucis diebus pontifex maxumus factus est? Atque eos omnis quos commemoravi his studiis flagrantis senes vidimus. M. vero Cethegum, quem recte «Suadae medullam» dixit Ennius, quanto studio exerceri in dicendo videbamus etiam senem! Quae sunt igitur epularum aut ludorum aut scortorum voluptates cum his voluptatibus comparandae? Atque haec quidem studia doctrinae; quae quidem prudentibus et bene institutis pariter cum aetate crescunt, ut honestum illud Solonis sit quod ait versiculo quodam, ut ante dixi, senescere se multa in dies addiscentem. Qua voluptate animi nulla certe potest esse maior.

XV. 51. *Venio nunc ad voluptates agricolarum, quibus ego incredibiliter delector; quae nec ulla impediuntur senectute et mihi ad sapientis vitam proxume videntur accedere. Habent enim rationem cum terra, quae numquam recusat imperium nec umquam sine usura reddit quod accepit, sed alias minore, plerumque maiore cum fenore. Quamquam me quidem non fructus modo, sed etiam ipsius terrae vis ac natura delectat: quae, cum gremio mollito ac subacto sparsum semen excepit, primum id occaecatum cohibet – ex quo occatio quae hoc efficit nominata est –, dein tepefactum vapore et compressu suo diffundit et elicit herbescentem ex eo viriditatem, quae, nixa fibris stirpium, sensim adulescit, culmoque erecta geniculato, vaginis iam quasi pubescens includitur; ex quibus cum emersit, fundit frugem spici ordine structam, et contra avium minorum morsus munitur vallo aristarum. 52. Quid ego vitium ortus, satus, incrementa commemorem? Satiari delectatione non possum – ut meae senectutis requiem oblectamentumque noscatis – : omitto enim*

occupazioni più modeste, ma tuttavia più impegnative? Quanto era soddisfatto Nevio [132] della sua *Guerra Punica*! E quanto lo era Plauto per il suo *Truculento* [133] e per lo *Pseudolo*!

Ho visto anche Livio [134], quando era vecchio; avendo messo in scena un suo lavoro teatrale sei anni prima che io nascessi, sotto il consolato di Centone e Tuditano, egli visse fin quando io ero adolescente. Che dovrei dire dell'ardore di Publio Licinio Crasso [135] per il diritto pontificale e per quello civile, o del nostro Publio Scipione [136], che proprio in questi giorni è stato fatto Pontefice Massimo? E tutti quelli che ho rievocato li rivedremo da vecchi infiammati da questi impegni intellettuali; e peraltro Marco Cetego, che giustamente Ennio [137] chiamò «midollo della persuasione», con quanto zelo lo abbiamo visto esercitarsi nell'oratoria anche da vecchio! Quali voluttà dunque di crapule o di divertimenti o di prostitute si possono comparare a questi piaceri? E questa è appunto la passione per la cultura, che certo nelle persone sagge e bene istruite cresce con l'età, sì che è onorevole quanto dice Solone [138] in un certo versetto, come ho già detto prima, che cioè egli invecchia imparando molte cose giorno per giorno; e di questo piacere dello spirito nessun altro piacere può essere certo maggiore.

XV. 51. Vengo ora ai piaceri degli agricoltori [139], piaceri che mi affascinano in modo incredibile. Questi loro piaceri non può ostacolarli nessuna vecchiaia che tenga e a me sembra che ben si attengano alla vita del saggio. Infatti i contadini devono fare i conti con la terra, che non si ribella mai al loro comando, e ciò che riceve, non lo restituisce mai senza interessi, ma qualche volta con minore, e più spesso con maggiore rendita. Benché a me danno piacere non solo i frutti, ma anche la forza e la natura della terra stessa. La quale, quando riceve il seme sparso sul suo grembo ammorbidito e dissodato, in un primo tempo lo contiene nascosto, al buio, e da questa parola [140] [*occaecatum*] è stata chiamata l'«erpicatura», che fa questa operazione (di ricoprirlo di terra). Quindi, intiepidito dal vapore della terra, e dalla sua pressione, lo fa aprire e ne fa spuntare un germoglio verdeggiante, che sorretto dalle fibre delle radici, cresce poco a poco ed eretto su uno stelo nodoso, si chiude, quasi giunto a pubertà, in un involucro [141]; e quando ne spunta fuori, produce un frutto costruito a forma di spiga e, contro le beccate degli uccelli più piccoli, si munisce di una difesa di ariste. 52. E a che pro dovrei ricordare la nascita, la semina, la crescita delle viti? Non posso saziarmi del piacere che provo nel farvi conoscere il sereno divertimento della mia vecchiaia. E lascio stare la forza

vim ipsam omnium quae generantur e terra, quae, ex fici tantulo grano aut ex acini vinaceo aut ex ceterarum frugum aut stirpium minutissumis seminibus, tantos truncos ramosque procreet; malleoli, plantae, sarmenta, viviradices, propagines nonne ea efficiunt ut quemvis cum admiratione delectent? Vitis quidem, quae natura caduca est et, nisi fulta est, fertur ad terram, eadem, ut se erigat, claviculis suis quasi manibus quidquid est nacta complectitur; quam, serpentem multiplici lapsu et erratico, ferro amputans coercet ars agricolarum, ne silvescat sarmentis et in omnis partis nimia fundatur. 53. Itaque ineunte vere in iis quae relicta sunt exsistit tamquam ad articulos sarmentorum ea quae gemma dicitur; a qua oriens uva se ostendit, quae, et suco terrae et calore solis augescens, primo est peracerba gustatu, dein maturata dulcescit, vestitaque pampinis nec modico tepore caret et nimios solis defendit ardores. Qua quid potest esse cum fructu laetius, tum adspectu pulchrius? Cuius quidem non utilitas me solum, ut ante dixi, sed etiam cultura et natura ipsa delectat, adminiculorum ordines, capitum iugatio, religatio et propagatio vitium, sarmentorum ea, quam dixi, aliorum amputatio, aliorum immissio. Quid ego irrigationes, quid fossiones agri repastinationesque proferam, quibus fit multo terra fecundior? Quid de utilitate loquar stercorandi? 54. Dixi in eo libro quem de rebus rusticis scripsi; de qua doctus Hesiodus ne verbum quidem fecit, cum de cultura agri scriberet; at Homerus, qui multis, ut mihi videtur, ante saeculis fuit, Laertam lenientem desiderium quod capiebat e filio, colentem agrum et eum stercorantem facit. Nec vero segetibus solum et pratis et vineis et arbustis res rusticae laetae sunt, sed hortis etiam et pomariis, tum pecudum pastu, apium examinibus, florum omnium varietate. Nec consitiones modo delectant, sed etiam insitiones, quibus nihil invenit agri cultura sollertius.

XVI. 55. *Possum persequi permulta oblectamenta rerum rusticarum; sed ea ipsa quae dixi sentio fuisse longiora; ignoscetis autem: nam et studio rerum rusticarum provectus sum, et senectus est natura loquacior – ne ab omnibus eam vitiis videar vindicare.*

stessa di tutto quanto viene generato dalla terra, che da un seme di fico, così piccolo, o da un acino di vite, o dai minutissimi semi degli altri cereali, e delle altre specie di piante, fa crescere tronchi e rami così grandi! Talee, polloni, sarmenti, tralci di vite, propaggini non sono tali da suscitare in chiunque ammirazione e gioia? La vite poi, che per sua natura è caduca, e se non è sorretta tende a finire in terra, per tirarsi su, da se stessa, si attacca con i suoi viticci, come se fossero delle mani, a qualsiasi cosa le capiti, e siccome è serpeggiante, e si spande in molte direzioni, qua e là, l'arte degli agricoltori la raffrena potandola col ronchetto, perché non diventi un groviglio di tralci e non si sparpagli con troppa abbondanza da tutte le parti. 53. E così, all'inizio della primavera, in quelle parti che sono rimaste, nasce come in una articolazione dei tralci, quella che si chiama la gemma, dalla quale spunta e si sviluppa il grappolo d'uva, che crescendo grazie alla linfa della terra e al calore del sole, dapprima è molto acerbo al gusto, e dopo, giunto a maturazione, diventa dolce, e rivestito di pampini non manca di un modesto calore e nello stesso tempo si difende dalle eccessive vampate del sole. Che ci può essere di più gradevole al gusto e di più bello alla vista? E di questa, la vite, mi piace non soltanto la sua utilità, come ho detto dianzi, ma anche la coltivazione e la stessa natura, l'ordine dei passoni di sostegno, il congiungimento dei capi, la legatura e la stesura delle viti, e quella particolare potatura [142] di alcuni sarmenti, e liberazione di altri, come ho detto prima. E che dire dell'irrigazione, che dire dei fossati nel terreno, e della rivangatura, con cui si rende la terra molto più feconda, che dire dell'utilità della concimazione? 54. L'ho detto in quel libro che ho scritto sull'agricoltura. Di questo il dotto Esiodo [143] non fece neanche verbo quando scrisse sull'agricoltura. Mentre Omero, che visse molti secoli prima, come mi sembra, ci presenta Laerte che allevia il desiderio del figlio, coltivando il campo e concimandolo. Inoltre non solo di colture varie e di prati e di vigne e di piante è allietata la campagna, ma anche di giardini e di frutteti e di greggi al pascolo e di sciami d'api e di fiori di ogni specie. E mi mandano in estasi non solo le piantagioni, ma anche gli innesti [144], di cui l'agricoltura non ha inventato nulla di più geniale.

XVI. 55. Potrei dilungarmi sulle moltissime gioie dell'agricoltura, ma su quelle stesse che ho detto mi pare che mi ci sono fermato anche troppo. Mi scuserete perciò se mi sono lasciato trasportare dall'entusiasmo per le cose della campagna: la vecchiaia è per natura troppo loquace, perché non sembri che io voglia giustificarla per tutti i suoi difetti.

Ergo in hac vita M'. Curius, cum de Samnitibus, de Sabinis, de Pyrrho triumphavisset, consumpsit extremum tempus aetatis; cuius quidem ego villam contemplans, – abest enim non longe a me – admirari satis non possum vel hominis ipsius continentiam vel temporum disciplinam: Curio ad focum sedenti magnum auri pondus Samnites cum attulissent, repudiati sunt: non enim aurum habere praeclarum sibi videri dixit, sed iis qui haberent aurum imperare. 56. Poteratne tantus animus efficere non iucundam senectutem? Sed venio ad agricolas, ne a me ipso recedam. In agris erant tum senatores, id est senes, si quidem aranti L. Quinctio Cincinnato nuntiatum est eum dictatorem esse factum; cuius dictatoris iussu magister equitum C. Servilius Ahala Sp. Maelium regnum appetentem occupatum interemit. A villa in senatum arcessebantur et Curius et ceteri senes; ex quo qui eos arcessebant viatores nominati sunt. Num igitur horum senectus miserabilis fuit, qui se agri cultione oblectabant? Mea quidem sententia haud scio an nulla beatior possit esse, neque solum officio, quod hominum generi universo cultura agrorum est salutaris, sed et delectatione qua dixi et saturitate copiaque omnium quae ad victum hominum, ad cultum etiam deorum pertinent – ut, quoniam haec quidam desiderant, in gratiam iam cum voluptate redeamus. Semper enim boni assiduique domini referta cella vinaria, olearia, etiam penaria est, villaque tota locuples est, abundat porco, haedo, agno, gallina, lacte, caseo, melle. Iam hortum ipsi agricolae succidiam alteram appellant. Conditiora facit haec supervacaneis etiam operis aucupium atque venatio. 57. Quid de pratorum viriditate aut arborum ordinibus aut vinearum olivetorumve specie plura dicam? Brevi praecidam: agro bene culto nihil potest esse nec usu uberius nec specie ornatius. Ad quem fruundum non modo non retardat, verum etiam invitat atque adlectat senectus: ubi enim potest illa aetas aut calescere vel apricatione melius vel igne, aut vicissim umbris aquisve refrigerari salubrius? 58. Sibi habeant igitur arma, sibi equos, sibi hastas, sibi clavam et pilam, sibi venationes atque cursus; nobis senibus ex lusionibus multis talos relin-

Dunque in questo modo di vivere consumò gli ultimi anni della sua esistenza Manlio Curio [145], dopo aver riportato il trionfo sui Sanniti, sui Sabini, su Pirro. Osservando la sua villa, che sta non lontana dalla mia, non so ammirare abbastanza sia la contegnosità di quest'uomo, sia l'austerità dei costumi di quei tempi. Avendo i Sanniti portato a Curio, che stava seduto davanti al fuoco, una gran quantità d'oro, furono da lui respinti, perché disse che non gli sembrava una gran cosa avere l'oro, ma imperare su quelli che avevano l'oro, sì. E poteva un uomo dall'animo così grande non rendere gradevole la sua vecchiaia? 56. Ma vengo ai contadini, per non allontanarmi da me stesso [146]. A quei tempi vivevano in agricoltura anche i senatori, cioè i «vecchi», se è vero che a Lucio Quinzio Cincinnato [147] fu portata la nomina a dittatore mentre stava arando il suo campicello; e fu per ordine suo, come dittatore, che il generale della cavalleria Gaio Servilio [148] Aala uccise Spurio Melio, che aspirava a diventare re. Sia Curio sia gli altri vecchi venivano fatti accorrere dalla loro casa di campagna in Senato; da questo fatto, quelli che andarono a chiamarli furono denominati «viatori» [149]. Fu dunque da commiserare la loro vecchiaia, perché si dilettarono di lavorare i campi? A mio avviso, invece, non so se ce ne possa essere nessuna più beata, e non solo per la sua utilità, che il lavoro dei campi è salutare a tutto il genere umano, ma anche per il piacere di cui ho parlato, e per la grande abbondanza di tutti i prodotti che riguardano il nutrimento degli uomini e anche il culto degli dèi [150], in modo che dato che molti hanno bisogno di queste cose, ritorniamo a ringraziarli con piacere. Infatti i depositi del vino, dell'olio e delle provviste di un padrone solerte sono sempre pieni, e tutta la casa è colma di ogni ben di dio, ha abbondanza di porci, di capretti, di agnelli, di galline, di latte, di formaggio, di miele. E pure l'orto gli stessi contadini lo chiamano una dispensa di riserva. E rendono più gustose queste cose con occupazioni da tempo libero, l'uccellagione e la cacciagione. 57. Che dirò di più del verde dei prati, o degli alberi messi tutti in bell'ordine, o della bellezza delle vigne e degli oliveti? Taglierò corto: non ci può essere nulla di più gran profitto né di più bello a vedere di un campo ben coltivato e la vecchiaia non solo non è un freno, ma anzi spinge e invoglia a godere di tutto questo! Dove infatti gente di quell'età può meglio starsene al calduccio al sole o davanti al fuoco, o viceversa, più salubremente starsene al fresco, all'ombra o vicino all'acqua di un ruscello? 58. Dunque i giovani si tengano per sé le armi, i cavalli, le aste, si tengano la clava e la palla, si tengano la caccia e la corsa, a noi vecchi, fra i tanti divertimenti, ci lascino gli

quant et tesseras; id ipsum utrum lubebit, quoniam sine iis beata esse senectus potest.

XVII. 59. *Multas ad res perutiles Xenophontis libri sunt; quos legite, quaeso, studiose, ut facitis. Quam copiose ab eo agricultura laudatur in eo libro qui est de tuenda re familiari, qui Oeconomicus inscribitur! Atque – ut intellegatis nihil ei tam regale videri quam studium agri colundi – Socrates in eo libro loquitur cum Critobulo Cyrum minorem, Persarum regem, praestantem ingenio atque imperi gloria, cum Lysander Lacedaemonius, vir summae virtutis, venisset ad eum Sardis eique dona a sociis attulisset, et ceteris in rebus comem erga Lysandrum atque humanum fuisse, et ei quendam consaeptum agrum diligenter consitum ostendisse; cum autem admiraretur Lysander et proceritates arborum et derectos in quincuncem ordines et humum subactam atque puram et suavitatem odorum qui adflarentur e floribus, tum eum dixisse mirari se non modo diligentiam, sed etiam sollertiam eius a quo essent illa dimensa atque discripta, et Cyrum respondisse: «Atqui ego ista sum omnia dimensus; mei sunt ordines, mea discriptio, multae etiam istarum arborum mea manu sunt satae». Tum Lysandrum, intuentem purpuram eius et nitorem corporis ornatumque Persicum multo auro multisque gemmis, dixisse: «Rite vero te, Cyre, beatum ferunt, quoniam virtuti tuae fortuna coniuncta est».*

60. *Hac igitur fortuna frui licet senibus, nec aetas impedit quominus et ceterarum rerum et in primis agri colundi studia teneamus ad ultumum tempus senectutis. M. quidem Valerium Corvinum accepimus ad centesimum annum perduxisse, cum esset, acta iam aetate, in agris eosque coleret; cuius inter primum et sextum consulatum sex et quadraginta anni interfuerunt; ita, quantum spatium aetatis maiores ad senectutis initium esse voluerunt, tantus illi cursus honorum fuit; atque huius extrema aetas hoc beatior quam media quod auctoritatis habebat plus, laboris minus. Apex est autem senectutis auctoritas.*

61. *Quanta fuit in L. Caecilio Metello, quanta in A. Atilio Calatino! in quem illud elogium:*

astragali [151] e i dadi, e fra questi quello che ci piacerà, perché la vecchiaia può essere beata anche senza quei passatempi.

XVII. 59. I libri di Senofonte [152] sono utilissimi per molte cose: leggeteli con attenzione, prego, come del resto state già facendo. Con che entusiasmo viene lodata l'agricoltura in quel libro, che tratta la salvaguardia dell'economia famigliare e che si intitola *Economico*! E tanto per farvi capire che nulla gli sembra così regale quanto la passione per l'agricoltura, Socrate in quel libro, parlando con Critobulo [153], dice che Ciro Minore [154], re dei Persiani, illustre per l'ingegno e per la fama del suo impero, quando lo spartano Lisandro, uomo di sommo valore, venne da lui a Sardi e gli portò alcuni doni a nome degli alleati, fra l'altro si mostrò cordiale e premuroso verso Lisandro e gli fece vedere un campo recintato, piantato ad alberi, con grande maestria. E poiché Lisandro ammirava con stupore l'altezza degli alberi e i filari di piante, ordinati come dadi, e il terreno ben lavorato e ben ripulito, e la soavità dei profumi, che si sprigionavano dai fiori, e gli disse inoltre che ammirava non solo la diligenza, ma anche la solerzia di chi aveva predisposto e progettato tutto questo, Ciro allora gli rispose: «Ma sono stato io in persona a sistemare questo progetto. È mia la disposizione dei filari, è mio il disegno ed anche di mia mano sono stati piantati molti di questi alberi». Allora Lisandro, guardando la sua veste di porpora e l'eleganza della sua figura, e il lusso della moda persiana, adorna di molto oro e di gemme preziose, disse: «Giustamente, Ciro, dicono che tu sei felice, perché la fortuna è abbinata al tuo valore».

60. Di questa fortuna dunque è permesso di godere ai vecchi e l'età non impedisce di mantenere vivo l'interesse quanto meno per le altre occupazioni, e prima di tutto per l'agricoltura, fino agli ultimi giorni della vecchiaia. Del resto abbiamo saputo che Marco Valerio Corvino [155] questo interesse lo conservò fino al centesimo anno, rimanendo sui campi fin quando fu di età già avanzata, e coltivandoli di sua mano: fra il suo primo consolato e il sesto intercorsero 46 anni. Cosicché il numero degli anni che i nostri antenati vollero che segnassero l'inizio della sua vecchiaia corrispondono al numero degli anni della sua carriera politica: l'ultimo periodo della sua vita fu più felice di quello della mezza età, perché godeva di più autorità e di meno fatiche. L'apice della vecchiaia è infatti l'autorevolezza.

61. Quanta ce ne fu in Lucio Cecilio Metello [156], quanta in Aulo Attilio Calatino [157], al quale è dedicato questo famoso elogio funebre:

> *Hunc unum plurumae consentiunt gentes*
> *Populi primarium fuisse virum.*

Notum est totum carmen incisum in sepulcro. Iure igitur gravis, cuius de laudibus omnium esset fama consentiens. Quem virum nuper P. Crassum pontificem maxumum, quem postea M. Lepidum eodem sacerdotio praeditum vidimus! Quid de Paulo aut Africano loquar, aut, ut iam ante, de Maximo? Quorum non in sententia solum, sed etiam in nutu residebat auctoritas. Habet senectus, honorata praesertim, tantam auctoritatem ut ea pluris sit quam omnes adulescentiae voluptates.

XVIII. 62. Sed in omni oratione mementote eam me senectutem laudare quae fundamentis adulescentiae constituta sit; ex quo efficitur, id quod ego magno quondam cum adsensu omnium dixi, miseram esse senectutem quae se oratione defenderet; non cani nec rugae repente auctoritatem adripere possunt, sed honeste acta superior aetas fructus capit auctoritatis extremos. 63. Haec enim ipsa sunt honorabilia, quae videntur levia atque communia, salutari, appeti, decedi, adsurgi, deduci, reduci, consuli; quae et apud nos et in aliis civitatibus, ut quaeque optume morata est, ita diligentissume observantur. Lysandrum Lacedaemonium, cuius modo feci mentionem, dicere aiunt solitum Lacedaemonem esse honestissumum domicilium senectutis: nusquam enim tantum tribuitur aetati, nusquam est senectus honoratior. Quin etiam memoriae proditum est, cum Athenis ludis quidam in theatrum grandis natu venisset magno consessu, locum nusquam ei datum a suis civibus; cum autem ad Lacedaemonios accessisset, qui, legati cum essent, certo in loco consederant, consurrexisse omnes illi dicuntur et senem sessum recepisse; 64. quibus cum a cuncto consessu plausus esset multiplex datus, dixisse ex iis quendam Atheniensis scire quae recta essent, sed facere nolle.

> La maggior parte delle famiglie affermano concordemente
> Che quest'uomo fu il primo fra il popolo.

È noto tutto il carme inciso sul suo sepolcro. Giustamente dunque è stimato pieno d'autorità un uomo, di cui la fama unanime riportava le lodi di tutti. Che stoffa d'uomo abbiamo visto poco tempo fa in Publio Crasso, pontefice massimo, e dopo di lui in Marco Lepido, investito dello stesso ordine sacerdotale! Che dovrei dire di Paolo Emilio [158] o di Scipione l'Africano o di Fabio Massimo, di cui ho parlato prima? La loro autorità risiedeva non solo nel loro parlar sentenzioso, ma anche nei loro gesti. Ha tanto prestigio la vecchiaia, specialmente di chi ha avuto cariche pubbliche, che questa conta di più di tutti i piaceri della giovinezza.

XVIII. 62. Ma in tutta questa mia diatriba, ricordatevi che io intendo lodare la vecchiaia, che poggia sulle fondamenta della sua giovinezza. Da ciò ne consegue ciò che io ho detto altre volte con grande consenso di tutti, che è ben miserevole la vecchiaia, quando si debba difendere con i discorsi. Non sono i capelli bianchi, non sono le rughe, che possono conferire su due piedi l'autorevolezza, ma è l'età antecedente, vissuta onorevolmente, che coglie i frutti finali dell'ascendente sugli altri. 63. Queste infatti sono le cose che fanno onore anche se sembrano di poco peso e comuni: esser salutati per primi, esser ricercati, avere la precedenza, esser riveriti dagli altri, che si alzano in piedi, essere accompagnati e riportati a casa, essere richiesti di un consiglio: le quali cose, sia presso di noi, sia presso altri popoli, quanto più questi hanno costumanze civili, tanto più vengono rispettate. Dicono che lo spartano Lisandro, di cui poco fa ho fatto menzione, era solito dire che Sparta era la più onorata dimora per i vecchi. In nessun altro posto infatti si riservavano tante attenzioni alla vecchiaia, in nessun altro posto la vecchiaia vi è più apprezzata. Anzi è stato tramandato questo fatto: ad Atene, durante i Ludi, essendo entrato nel teatro un uomo di età avanzata, nel grande assembramento, da nessuna parte gli veniva ceduto un posto dai suoi concittadini; quando invece si appressò a degli Spartani, che essendo ambasciatori erano seduti in un settore riservato, si dice che questi si alzarono tutti insieme e il vecchio ebbe un posto a sedere. 64. Ed essendo loro rivolto un lungo applauso da tutto il teatro, uno di loro disse che gli Ateniesi sapevano bene che cosa fosse giusto, ma che non lo volevano fare! Molte tradizioni del vostro Collegio, quello

Multa in vestro collegio praeclara, sed hoc, de quo agimus, in primis quod, ut quisque aetate antecedit, ita sententiae principatum tenet, neque solum honore antecedentibus, sed iis etiam qui cum imperio sunt maiores natu augures anteponuntur. Quae sunt igitur voluptates corporis cum auctoritatis praemiis comparandae? Quibus qui splendide usi sunt, ii mihi videntur fabulam aetatis peregisse nec, tamquam inexercitati histriones, in extremo actu corruisse.

65. At sunt morosi et anxii et iracundi et difficiles senes; – si quaerimus, etiam avari. Sed haec morum vitia sunt, non senectutis. Ac morositas tamen et ea vitia quae dixi habent aliquid excusationis, non illius quidem iustae, sed quae probari posse videatur: contemni se putant, despici, illudi; praeterea in fragili corpore odiosa omnis offensio est. Quae tamen omnia dulciora fiunt et moribus bonis et artibus; idque cum in vita, tum in scaena intellegi potest ex iis fratribus qui in Adelphis sunt: quanta in altero diritas, in altero comitas! Sic se res habet: ut enim non omne vinum, sic non omnis natura vetustate coacescit. Severitatem in senectute probo, sed eam, sicut alia, modicam; acerbitatem nullo modo. 66. Avaritia vero senilis quid sibi velit non intellego: potest enim quicquam esse absurdius quam quo viae minus restet eo plus viatici quaerere?

XIX. *Quarta restat causa, quae maxume angere atque sollicitam habere nostram aetatem videtur, appropinquatio mortis, quae certe a senectute non potest esse longe. O miserum senem, qui mortem contemnundam esse in tam longa aetate non viderit! Quae aut plane neglegunda est, si omnino exstinguit animum, aut etiam optanda, si aliquo eum deducit ubi sit futurus aeternus; atqui tertium certe nihil inveniri potest. 67. Quid igitur timeam, si aut non miser post mortem aut beatus etiam futurus sum? Quamquam quis est tam stultus, quamvis sit adulescens, cui sit exploratum se ad vesperum esse victurum? Quin etiam aetas illa multo pluris quam nostra mortis casus habet: facilius in morbos incidunt adulescentes, gravius aegrotant, tristius curantur; itaque pauci veniunt ad senectutem. Quod ni ita*

degli Auguri, sono eccellenti, ma prima di tutte c'è questa, di cui stiamo parlando: che ciascuno dei più anziani ha la precedenza nelle decisioni, e non solo su quelli che sono superiori per cariche onorifiche, ma anche su quelli che hanno il comando supremo, a cui vengono anteposti gli Auguri più anziani. Quali dunque sono i piaceri del corpo, che possono essere paragonati ai privilegi dell'autorevolezza? Quelli che hanno saputo usufruire splendidamente di queste cose, quelli mi sembra che abbiano saputo recitare fino in fondo la commedia della vita e che non siano caduti, come attori inesperti, all'ultimo atto.

65. Ma i vecchi sono brontoloni, sospettosi, iracondi, scontrosi, se vogliamo anche avari! Però questi sono difetti del carattere, non della vecchiaia. E in fondo la scontrosità e gli altri difetti di cui ho parlato, hanno qualche attenuante, non certo una giustificazione in se stessi, ma che può sembrare accettabile. I vecchi si credono respinti, disprezzati, presi in giro, inoltre, in una persona fragile di corpo, ogni offesa risulta odiosa. Tuttavia tutti questi difetti diventano più accettabili con un buon carattere e con la pratica delle arti; e questo si può capire sia nella vita sia sulla scena, ad esempio da quei due fratelli della commedia *Adelfi* [159]. Quanta durezza nell'uno e quanta cordialità nell'altro! Così stanno le cose: che in realtà non tutto il vino, come non tutti i caratteri, pigliano d'aceto nella vecchiaia. Nella vecchiaia approvo la austerità, ma anche questa, come le altre cose, moderata: la durezza invece non l'approvo in nessun modo. 66. L'avarizia dei vecchi, davvero, non capisco dove vada a parare. Ci può essere infatti qualcosa di più assurdo che, quando resta meno strada da fare, cercare più provviste?

XIX. Resta ora la quarta causa, che sembra angustiare al massimo e rendere ansiosa la nostra età: l'avvicinarsi della morte, che certo non può essere lontana dalla vecchiaia. Misero quel vecchio che in tanti anni di vita non abbia capito che la morte deve essere disprezzata. Essa o non va considerata affatto, se deve opprimere del tutto lo spirito, o va perfino desiderata, dal momento che conduce lo spirito in qualche posto, dove in futuro vivrà in eterno; e certo non si può trovare una terza via. E dunque che avrei da temere se non sarò infelice, dopo la morte, o addirittura se sarò felice? 67. Per quanto, chi è tanto stolto, pur essendo giovane, che si senta assicurato di vivere fino a sera? Ché anzi quell'età ha molti più casi di morte che la nostra: i giovani incorrono più facilmente nelle malattie, si ammalano più gravemente e sono curati con più difficoltà. E perciò in pochi arrivano alla vecchiaia, che se non fosse così si vivrebbe meglio e con più saggezza. Infatti c'è nei

accideret, melius et prudentius viveretur: mens enim et ratio et consilium in senibus est; qui si nulli fuissent, nullae omnino civitates fuissent. Sed redeo ad mortem impendentem: quod est istud crimen senectutis, cum id ei videatis cum adulescentia esse commune? 68. Sensi ego in optumo filio, tu in exspectatis ad amplissumam dignitatem fratribus, Scipio, mortem omni aetati esse communem.

At sperat adulescens diu esse se victurum, quod sperare idem senex non potest. – Insipienter sperat: quid enim stultius quam incerta pro certis habere, falsa pro veris? – At senex ne quod speret quidem habet. – At est eo meliore condicione quam adulescens, cum id quod ille sperat hic consecutus est: ille volt diu vivere, hic diu vixit. 69. Quamquam, o di boni! quid est in hominis natura diu? Da enim supremum tempus, exspectemus Tartessiorum regis aetatem – fuit enim, ut scriptum video, Arganthonius quidam Gadibus, qui octoginta regnaverit annos, centum viginti vixerit – ; sed mihi ne diuturnum quidem quicquam videtur in quo est aliquid extremum. Cum enim id advenit, tum illud quod praeteriit effluxit; tantum remanet quod virtute et recte factis consecutus sis; horae quidem cedunt et dies et menses et anni, nec praeteritum tempus umquam revertitur, nec quid sequatur sciri potest. Quod cuique temporis ad vivundum datur eo debet esse contentus. 70. Neque enim histrioni ut placeat peragunda fabula est, modo in quocumque fuerit actu probetur, neque sapientibus usque ad «Plaudite» veniundum est: breve enim tempus aetatis satis longum est ad bene honesteque vivundum; sin processerit longius, non magis dolendum est quam agricolae dolent, praeterita verni temporis suavitate, aestatem autumnumque venisse: ver enim tamquam adulescentiam significat ostenditque fructus futuros, reliqua autem tempora demetundis fructibus et percipiundis accommodata sunt. 71. Fructus autem senectutis est, ut saepe dixi, ante partorum bonorum memoria et copia. Omnia autem quae secundum naturam fiunt sunt habenda in bonis; quid est autem tam secundum naturam quam senibus emori? Quod idem contingit adulescentibus adversante et repugnante natura. Itaque adulescentes mihi mori sic videntur ut cum aquae multitudine flammae vis opprimitur, senes autem sic ut cum sua sponte, nulla adhibita vi, consumptus ignis exstinguitur; et, quasi poma ex arboribus, cruda si sunt,

vecchi più intelletto, più raziocinio, più saggezza: se non ci fossero stati i vecchi, non ci sarebbero gli Stati. Ma torniamo alla incombenza della morte. Che cosa è questa incriminazione della vecchiaia, dato che, lo vedete bene, la morte ce l'ha in comune con la giovinezza? 68. L'ho provato io sul mio ottimo figlio, e tu, Scipione, sui tuoi fratelli [160], a cui erano destinate le più alte cariche dello Stato, come la morte sia comune a tutte le età.

Ma il giovane può sperare che vivrà a lungo, cosa che non può sperare il vecchio. Lo spera sciaccamente. Che c'è infatti di più stolto che prendere l'incerto per il certo, il falso per il vero? Ma il vecchio non ha neppure di che sperare! Però è in una condizione migliore del giovane, dato che quel che questo spera, lui lo ha già ottenuto: quello vuole vivere a lungo, questi ha vissuto a lungo. 69. Per quanto, buoni dèi, che vuol dire, in natura, per l'uomo, vivere «a lungo»? Supponi infatti una vita lunghissima, consideriamo l'età del re dei Tartessi [161] – fu uno di Cadice, come trovo scritto, un certo Argantonio, che regnò ottanta anni e ne visse 120 – ma a me non sembra neppure tanto lunga qualcosa in cui c'è una fine! Quando infatti la fine arriva, allora ciò che è passato è sparito; rimane quel tanto che tu hai saputo conseguire con il tuo valore e le tue buone azioni. Passano le ore e i giorni, i mesi e gli anni, e il tempo trascorso non torna mai indietro, né si può sapere quello che verrà poi. Il tempo che viene concesso da vivere a ciascuno, di quello lui deve accontentarsi. 70. Del resto un attore, perché piaccia al pubblico, non è necessario che arrivi alla fine della commedia, basta che sia applaudito in qualunque atto compaia, così il saggio non deve mica arrivare fino all'«applaudite» [162]. Infatti una vita breve è abbastanza lunga per viverla e con onore: se poi si protrae più a lungo, non bisogna dolersene più di quanto se ne dolgono i contadini, quando è passata la dolce stagione della primavera ed arriva l'estate e poi l'inverno. La primavera infatti significa in un certo modo l'adolescenza e ci fa vedere i frutti futuri, le altre stagioni invece sono destinate alla mietitura e alla raccolta dei vari frutti. 71. In effetti il frutto della vecchiaia è, come ho detto più volte, il ricordo, l'abbondanza dei beni accumulati in precedenza. Tutto quello che si produce in natura è da ritenersi fra i beni da lei elargiti. Che c'è dunque di tanto secondo natura, quanto per i vecchi morire? E questo tocca pure ai giovani, anche se la natura vi si oppone con repugnanza. Cosicché quando muore un giovane mi sembra come una forte fiamma che è soffocata da una gran massa d'acqua, il vecchio, al contrario, mi sembra un fuoco quando, senza nessuna forza avversa, si consuma e si estingue da sé. E come i frutti, se sono acerbi, si possono strappare a fatica

vi evelluntur, si matura et cocta, decidunt, sic vitam adulescentibus vis aufert, senibus maturitas. Quae quidem mihi tam iucunda est ut, quo propius ad mortem accedam, quasi terram videre videar aliquandoque in portum ex longa navigatione esse venturus.

XX. 72. *Senectutis autem nullus est certus terminus, recteque in ea vivitur quoad munus offici exsequi et tueri possit mortemque contemnere. Ex quo fit ut animosior etiam senectus sit quam adulescentia et fortior. Hoc illud est quod Pisistrato tyranno a Solone responsum est, cum illi quaerenti qua tandem re fretus sibi tam audaciter obsisteret, respondisse dicitur: «Senectute». Sed vivundi est finis optumus cum integra mente certisque sensibus opus ipsa suum eadem quae coagmentavit natura dissolvit; ut navem, ut aedificium idem destruit facillume qui construxit, sic hominem eadem optume quae conglutinavit natura dissolvit; iam omnis conglutinatio recens aegre, inveterata facile divellitur. Ita fit ut illud breve vitae reliquum nec avide appetundum senibus nec sine causa deserundum sit.* 73. *Vetatque Pythagoras iniussu imperatoris, id est dei, de praesidio et statione vitae decedere. Solonis quidem sapientis elogium est quo se negat velle suam mortem dolore amicorum et lamentis vacare; volt, credo, se esse carum suis. Sed haud scio an melius Ennius:*

> Nemo me lacrumis decoret neque funera fletu Faxit.

Non censet lugendam esse mortem quam immortalitas consequatur.

74. *Iam sensus moriundi aliquis esse potest, isque ad exiguum tempus, praesertim seni, post mortem quidem sensus aut optandus aut nullus est. Sed hoc meditatum ab adulescentia debet esse, mortem ut neglegamus; sine qua meditatione tranquillo esse animo nemo potest: moriundum enim certe et incertum an hoc ipso die; mortem igitur omnibus horis impendentem timens qui poterit animo consistere?* 75. *De qua non ita longa disputatione opus esse videtur, cum recorder non L. Brutum, qui in liberanda patria est interfectus, non duos Decios, qui ad voluntariam mortem cursum equorum inci-*

dagli alberi, ma se sono maturi e fatti, cadono da sé, così la violenza strappa la vita ai giovani e la maturità la toglie ai vecchi; e davvero la vecchiaia è per me così gradevole, che più mi avvicino alla morte, più mi sembra di vedere terra [163] e di essere prossimo ad entrare finalmente in porto, reduce da una lunga navigazione.

XX. 72. La vecchiaia, del resto, non ha nessun termine certo e ci si vive bene, a patto di ottemperare ai propri doveri e di disprezzare la morte; da qui ne deriva che la vecchiaia è anche più coraggiosa e più forte della giovinezza. È proprio questo quel che rispose Solone [164] al tiranno Pisistrato [165], quando questi gli domandò su che cosa facesse affidamento per mettersi contro di lui con tanta audacia, e lui si dice che rispondesse: «Sulla vecchiaia». Ma il miglior modo di finire la vita è quando, restando la mente sana e i sensi svegli, è la stessa natura, che l'ha messa insieme, a dissolvere la sua opera. Come una nave, come un edificio lo può distruggere con gran facilità chi l'ha costruito, così l'uomo è la stessa natura che lo ha aggregato a distruggerlo; già ogni agglomerato, quando è recente, si butta giù con difficoltà, quando invece è invecchiato è più facile. Ne deriva che a quel breve residuo di vita i vecchi non si debbano attaccare con avidità, ma neanche devono lasciarlo andare senza un motivo. 73. Pitagora [166] dice che è vietato senza l'ordine del comandante supremo, cioè Dio, disertare il proprio presidio, il posto di guardia della vita. Inoltre c'è un epitaffio di Solone [167] il Saggio, in cui egli dice di non volere che alla sua morte manchino il dolore e il pianto degli amici: desidera, io credo, di essere caro ai suoi. Ma non so se ha scritto meglio Ennio: «Nessuno mi celebri con lagrime, né ricopra di pianti la mia tomba». Giudica che la morte non sia da piangere, perché a lei fa seguito l'immortalità.

74. Certo ci può essere qualche sensazione angosciosa del morire, ma questo per poco tempo, specialmente per un vecchio: invece dopo la morte le sensazioni o sono auspicabili, o non ci sono per niente. Ma questa meditazione, che non dobbiamo preoccuparci della morte, dobbiamo farla fin dalla giovinezza, e se non c'è stata questa meditazione, nessuno può vivere allora con animo tranquillo. È certo infatti che si deve morire, ma è incerto se sarà oggi stesso. Dunque chi potrebbe stare di animo forte, mentre teme la morte che incombe a tutte le ore? 75. Su questo argomento mi sembra che non ci sia bisogno di una discussione che vada tanto per le lunghe, ma mi basta di ricordare non tanto Lucio Bruto [168], che si fece uccidere per liberare la patria e nemmeno i due Deci [169], che spronarono i cavalli cor-

taverunt, non M. Atilium, qui ad supplicium est profectus, ut fidem hosti datam conservaret, non duos Scipiones, qui iter Poenis vel corporibus suis obstruere voluerunt, non avum tuum, L. Paulum, qui morte luit collegae in Cannensi ignominia temeritatem, non M. Marcellum, cuius interitum ne crudelissumus quidem hostis honore sepulturae carere passus est, sed legiones nostras, quod scripsi in Originibus, in eum locum saepe profectas alacri animo et erecto, unde se redituras numquam arbitrarentur. Quod igitur adulescentes, et ii quidem non solum indocti, sed etiam rustici, contemnunt, id docti senes extimescent?

76. *Omnino, ut mihi quidem videtur, studiorum omnium satietas vitae facit satietatem; sunt pueritiae studia certa: num igitur ea desiderant adulescentes? sunt ineuntis adulescentiae: num ea constans iam requirit aetas quae media dicitur? sunt etiam eius aetatis: ne ea quidem quaeruntur in senectute; sunt extrema quaedam studia senectutis: ergo, ut superiorum aetatum studia occidunt, sic occidunt etiam senectutis; quod cum evenit, satietas vitae tempus maturum mortis adfert.*

XXI. 77. *Non enim video cur quid ipse sentiam de morte non audeam vobis dicere, quod eo cernere mihi melius videor quo ab ea propius absum. Ego vestros patres, tu, Scipio, tuque, Laeli, viros clarissumos mihique amicissumos, vivere arbitror, et eam quidem vitam quae est sola vita nominanda. Nam, dum sumus inclusi in his compagibus corporis, munere quodam necessitatis et gravi opere perfungimur: est enim animus caelestis ex altissumo domicilio depressus et quasi demersus in terram, locum divinae naturae aeternitatique contrarium. Sed credo deos immortalis sparsisse animos in corpora humana, ut essent qui terras tuerentur, quique, caelestium ordinem contemplantes, imitarentur eum vitae modo atque constantia. Nec me solum ratio ac disputatio impulit ut ita crederem, sed nobilitas etiam summorum philosophorum et auctoritas.* 78. *Audiebam Pythagoram pythagoreosque, incolas paene nostros, qui essent Italici philosophi quondam nominati, numquam dubitasse quin ex universa mente divina delibatos animos haberemus. Demonstrabantur mihi*

rendo incontro a una morte volontaria, né Marco Attilio (Regolo)[170], che per mantenere fede alla parola data al nemico partì per andare al supplizio, né i due Scipioni[171], che vollero chiudere la strada ai Cartaginesi con i loro corpi, non tuo nonno Lucio Paolo[172], che con la sua morte scontò l'imprudenza del collega nella ignominia di Canne, non Marco Marcello[173], la cui morte neppure il più crudele nemico permise che mancasse dell'onore della sepoltura, ma le nostre legioni che, come ho scritto nelle *Origini* spesso partivano con animo coraggioso e deciso verso luoghi da cui mai più speravano che sarebbero ritornate. E ciò che dunque disprezzavano giovani ignoranti e oltre tutto campagnoli[174], può far paura a uomini vecchi e colti?

76. In ogni modo, a quanto mi sembra, la sazietà di tutte le voglie produce la sazietà della vita. La fanciullezza ha desideri determinati, e che per questo ne hanno voglia i giovani? Ci sono desideri della prima adolescenza, forse che li richiede per sé l'età matura, che si chiama la mezza età? Anche di questa età ci sono propri desideri, ma questi non sono certo ricercati nella vecchiaia; ci sono anche certi ultimi desideri della vecchiaia: dunque, come i desideri delle età trascorse declinano, così declinano anche quelli della vecchiaia; quando questo accade la sazietà della vita si porta dietro il tempo maturo per la morte.

XXI. 77. Non vedo dunque perché non dovrei avere il coraggio di dire a voi ciò che io in persona penso della morte, dato che sono meno distante da lei, mi sembra di discernere meglio le cose. Io reputo che i vostri padri, il tuo, Scipione, e il tuo, Lelio, uomini famosissimi e miei grandi amici, siano sempre in vita, e in quella vita[175] che è la sola degna di essere chiamata tale. Infatti, finché siamo rinchiusi in questo organismo del corpo, adempiamo con fatica e difficoltà i nostri impegni secondo la necessità. Giacché l'anima, di origine celeste, è stata precipitata dalla sua altissima dimora[176] e, diciamo, sprofondata sulla terra, luogo contrario alla natura divina e all'eternità. Ma io credo che gli dèi immortali abbiano distribuito le anime nei corpi umani, affinché ci fossero uomini che prendessero cura della Terra e che, contemplando l'ordine dei corpi celesti, lo imitassero con una costante regola di vita. E a credere questo mi ci ha indotto non solo la ragione e la discussione, ma anche la celebrità e l'autorità dei sommi filosofi. 78. Ho appreso che Pitagora e i Pitagorici[177], quasi nostri concittadini, tanto da essere chiamati un tempo filosofi italici, non dubitarono mai che noi avessimo un'anima derivata dalla universale mente divina. Questo mi venne dimostrato

praeterea quae Socrates supremo vitae die de immortalitate animorum disseruisset, is qui esset omnium sapientissumus oraculo Apollinis iudicatus. Quid multa? sic persuasi mihi, sic sentio, cum tanta celeritas animorum sit, tanta memoria praeteritorum futurorumque prudentia, tot artes, tantae scientiae, tot inventa, non posse eam naturam quae res eas contineat esse mortalem; cumque semper agitetur animus nec principium motus habeat, quia se ipse moveat, ne finem quidem habiturum esse motus, quia numquam se ipse sit relicturus; et, cum simplex animi natura esset neque haberet in se quicquam admixtum dispar sui atque dissimile, non posse eum dividi; quod si non posset, non posse interire; magnoque esse argumento homines scire pleraque antequam nati sint, quod iam pueri, cum artis difficilis discant, ita celeriter res innumerabilis adripiant ut eas non tum primum accipere videantur, sed reminisci et recordari. Haec Platonis fere.

XXII. 79. *Apud Xenophontem autem moriens Cyrus maior haec dicit: «Nolite arbitrari, o mihi carissumi filii, me, cum a vobis discessero, nusquam aut nullum fore. Nec enim, dum eram vobiscum, animum meum videbatis, sed eum esse in hoc corpore ex iis rebus quas gerebam intellegebatis; eundem igitur esse creditote, etiamsi nullum videbitis. 80. Nec vero clarorum virorum post mortem honores permanerent, si nihil eorum ipsorum animi efficerent quo diutius memoriam sui teneremus. Mihi quidem numquam persuaderi potuit animos, dum in corporibus essent mortalibus, vivere, cum excessissent ex iis, emori, nec vero tunc animum esse insipientem cum ex insipienti corpore evasisset, sed cum, omni admixtione corporis liberatus, purus et integer esse coepisset, tum esse sapientem. Atque etiam, cum hominis natura morte dissolvitur, ceterarum rerum perspicuum est quo quaeque discedat: abeunt enim illuc omnia unde orta sunt; animus autem solus nec cum adest nec cum discessit apparet. 81. Iam vero videtis nihil esse morti tam simile quam somnum; atqui dormientium animi maxime declarant divinitatem*

pure da quei discorsi sull'immortalità dell'anima, che pronunciò l'ultimo giorno della sua vita Socrate, colui che fu definito dall'oracolo di Apollo [178] il più sapiente degli uomini. A che tante parole? Di questo sono persuaso, questo credo fermamente: così grande è la velocità del pensiero, così grande è la memoria del passato e la previdenza del futuro, tante sono le arti, tante le scienze, tante le invenzioni, che non può essere mortale la natura che contiene tutte queste cose. Ed essendo sempre l'anima in movimento, e non avendo un principio esterno del moto, perché si muove da se stessa, non avrà neanche una fine del moto, perché non abbandonerà mai se stessa: ed essendo semplice la natura dell'anima e non avendo frammisto in sé alcunché di diverso, di dissimile, non è possibile che si dissolva; e se ciò non è possibile, non può morire. Gli uomini conoscono moltissime nozioni prima di essere nati, e ce n'è una grande dimostrazione: che fin da bambini, quando imparano arti molto difficili, riescono ad afferrare così rapidamente innumerevoli conoscenze, che sembrano riceverle non in quel momento per la prima volta, ma che le richiamino alla mente, le ricordino. Questa a un di presso è l'opinione di Platone [179].

XXII. 79. Poi, a quanto dice Senofonte [180], Ciro il Vecchio [181], mentre stava morendo, pronunciò queste parole: «Non crediate, miei carissimi figli, che io, quando mi sarò separato da voi, non starò in nessun luogo o non esisterò. Del resto, quando ero con voi, la mia anima non la vedevate, ma capivate che essa era nel mio corpo da quelle cose che facevo. Dunque seguitate a credere che essa esiste, anche se non la vedrete. 80. Invero non si continuerebbe a rendere onori agli uomini illustri dopo la loro morte, se le loro stesse anime non facessero nulla, perché noi conservassimo più a lungo la loro memoria. Quanto a me, nessuno davvero potrebbe convincermi che le anime, mentre sono nei corpi mortali, sono vive, e quando escono da questi muoiono, e nemmeno che l'anima rimane senza intelligenza proprio quando è uscita da un corpo non intelligente; invece proprio nel momento in cui viene liberata da ogni legame con il corpo, e comincia ad essere pura e integra, allora diventa dotata di grande saggezza. E inoltre, quando il corpo naturale dell'uomo si dissolve con la morte, è intuibile dove vada a finire ciascuno degli altri componenti: infatti se ne va ciascuno nel luogo da cui provengono i vari elementi, invece solo l'anima non compare, né quando c'è, né quando se n'è andata. 81. Del resto potete vedere come nulla è tanto simile alla morte quanto il sonno. E dunque le anime dei dormienti dimostrano in massimo grado la loro origine divina:

suam: multa enim, cum remissi et liberi sunt, futura prospiciunt; ex quo intellegitur quales futuri sint, cum se plane corporum vinculis relaxaverint. Quare, si haec ita sunt, sic me colitote, inquit, ut deum; sin una est interiturus animus cum corpore, vos tamen deos verentes, qui hanc omnem pulchritudinem tuentur et regunt, memoriam nostri pie inviolateque servabitis». Cyrus quidem haec moriens; nos, si placet, nostra videamus.

XXIII. 82. *Nemo umquam mihi, Scipio, persuadebit aut patrem tuum, Paulum, aut duos avos, Paulum et Africanum, aut Africani patrem aut patruum, aut multos praestantis viros, quos enumerare non est necesse, tanta esse conatos quae ad posteritatis memoriam pertinerent, nisi animo cernerent posteritatem ad se posse pertinere. An censes, ut de me ipse aliquid more senum glorier, me tantos labores diurnos nocturnosque domi militiaeque suscepturum fuisse, si iisdem finibus gloriam meam quibus vitam essem terminaturus? Nonne melius multo fuisset otiosam aetatem et quietam sine ullo labore et contentione traducere? Sed nescio quomodo animus erigens se posteritatem ita semper prospiciebat quasi, cum excessisset e vita, tum denique victurus esset. Quod quidem ni ita se haberet ut animi immortales essent, haud optumi cuiusque animus maxume ad immortalitatem et gloriam niteretur. 83. Quid? quod sapientissumus quisque aequissumo animo moritur, stultissumus iniquissumo, nonne vobis videtur is animus, qui plus cernat et longius, videre se ad meliora proficisci, ille autem, cui obtusior sit acies, non videre? Equidem efferor studio patres vestros, quos colui et dilexi, videndi, neque vero eos solos convenire aveo quos ipse cognovi, sed illos etiam de quibus audivi et legi et ipse conscripsi. Quo quidem me proficiscentem haud sane quis facile retraxerit nec tamquam Peliam recoxerit. Et si qui deus mihi largiatur ut ex hac aetate repuerascam et in cunis vagiam, valde recusem, nec vero velim quasi decurso spatio ad carceres a calce revocari. 84. Quid habet enim vita commodi? quid non potius laboris? Sed habeat sane, habet certe tamen*

infatti, quando sono sciolte e libere, possono guardare al futuro. Da ciò si può intuire come saranno nell'al di là, quando si saranno completamente liberate dai lacci del corpo. Perciò, se la questione sta così, mi onorerete come un dio», disse, «se invece l'anima dovrà perire con il corpo, voi tuttavia, onorando gli dèi che mantengono e reggono tutte queste bellezze, conserverete inviolata la mia venerazione e la mia memoria».

Ecco quello che disse Ciro in punto di morte. Ora, se vi fa piacere, parliamo un po' della nostra vita.

XXIII. 82. Nessuno mi convincerà mai, o Scipione, che tuo padre Paolo [182] (Lucio Emilio il Macedone) e i due tuoi nonni, Paolo (Emilio) e (Scipione) Africano, o il padre dell'Africano [183], o lo zio o i molti uomini illustri, che non c'è bisogno di elencare, abbiano tentato tante imprese che servissero a interessare la memoria della posterità, se non fossero convinti nell'animo che la posterità li riguardasse. Ma tu credi davvero, tanto per vantarmi un po' da me stesso, come è abitudine dei vecchi, che mi sarei imbarcato in tante fatiche, di giorno e di notte, in patria e sotto le armi, se avessi dovuto porre termine alla mia gloria con la stessa fine con cui terminerò la mia vita? E non sarebbe stato molto meglio tirare a campare con una vita oziosa e tranquilla, senza far niente e senza contese? Ma non so in che modo, la mia anima erigendosi in alto guardava sempre alla posterità, come se, non appena fosse uscita dalla vita, solo allora, avrebbe vissuto veramente. Che se realmente le cose non stessero così, che le anime non fossero immortali, nessuno dei grandi uomini si sforzerebbe al massimo grado in vista dell'immortalità e della gloria. 83. E che? Se è vero che più uno è sapiente, più muore di buonanimo, e più uno è stolto, più muore di malanimo, non vi sembra che quest'anima, che discerne meglio e più lontano, creda che sta per partire verso lidi migliori [184], mentre quella che ha la vista più ottusa non se ne rende conto? Senza dubbio mi sento ansioso di rivedere i vostri padri, che ho frequentato e amato, e a dir la verità non perché sono impaziente di ritrovarmi con loro, non solo perché li ho conosciuti di persona, ma anche perché di loro ho molto sentito parlare e ne ho letto, e ne ho scritto. Per cui certo non sarebbe facile trattenermi, al momento della mia dipartita, né mi si potrebbe mettere a bollire in un paiolo, come Pelia [185]. E se qualche dio mi concedesse di ridiventare bambino da questa età, e di vagire nella culla, rifiuterei certamente e non vorrei davvero, dopo aver quasi terminata la corsa, esser richiamato agli stalli di partenza, sulla linea segnata a calce [186]. 84. Che vantaggi offre infatti la vita? O piuttosto quali

aut satietatem aut modum. Non lubet enim mihi deplorare vitam, quod multi et docti saepe fecerunt, neque me vixisse paenitet, quoniam ita vixi ut non frustra me natum existimem, et ex vita ita discedo tamquam ex hospitio, non tamquam domo: commorandi enim natura deversorium nobis, non habitandi dedit. O praeclarum diem, cum in illud divinum animorum concilium coetumque proficiscar cumque ex hac turba et colluvione discedam! Proficiscar enim non ad eos solum viros de quibus ante dixi, verum ad Catonem meum, quo nemo vir melior natus est, nemo pietate praestantior; cuius a me corpus est crematum, quod contra decuit ab illo meum, animus vero, non me deserens sed respectans, in ea profecto loca discessit quo mihi ipse cernebat esse veniundum; quem ego meum casum fortiter ferre visus sum, non quo aequo animo ferrem, sed me ipse consolabar existimans non longinquum inter nos digressum et discessum fore.

85. His mihi rebus, Scipio – id enim te cum Laelio admirari solere dixisti –, levis est senectus, nec solum non molesta, sed etiam iucunda. Quodsi in hoc erro qui animos hominum immortalis esse credam, libenter erro, nec mihi hunc errorem, quo delector, dum vivo, extorqueri volo; sin mortuus, ut quidam minuti philosophi censent, nihil sentiam, non vereor ne hunc errorem meum philosophi mortui irrideant. Quodsi non sumus immortales futuri, tamen exstingui homini suo tempore optabile est: nam habet natura, ut aliarum omnium rerum, sic vivundi modum; senectus autem aetatis est peractio tamquam fabulae, cuius defatigationem fugere debemus, praesertim adiuncta satietate.

Haec habui de senectute quae dicerem. Ad quam utinam perveniatis, ut ea quae ex me audistis re experti probare possitis!

tribolazioni? E quando pure qualche vantaggio ce l'ha, ha certamente pure o la sazietà o la fine. Non mi piace in realtà rimpiangere la vita, come fecero molti, e fra questi anche alcuni saggi, e non mi pento di aver vissuto, perché ho vissuto in modo tale da stimare di non essere nato inutilmente. E dalla vita me ne vado come da un albergo, non come da una casa; perché la natura ci ha dato un alloggio per trattenerci [187] non per abitarci. O giorno luminoso, quando partirò per quel divino raduno e concilio di anime, e quando potrò lasciare questa turbolenta umanità e questa melma [188] della società! Me ne andrò infatti non solo verso quei grandi uomini di cui ho parlato prima, ma anche dal mio Catone, di cui non c'è uomo migliore nato sulla Terra, nessuno più ricco di amor filiale e più rispettoso; sono stato io a cremare il suo corpo, mentre sarebbe stato giusto [189] che avesse cremato lui il mio. Ma la sua anima non mi ha lasciato, e vigila su di me, si è sicuramente rifugiata in quei luoghi, in cui sapeva che sarei venuto anch'io. È sembrato a molti che io abbia saputo sopportare con forza questa mia disgrazia, non perché la sopportassi con animo sereno, ma perché mi consolavo da me stesso, pensando che la separazione e la lontananza fra noi non sarebbe durata a lungo.

85. Per queste ragioni, Scipione, la vecchiaia è per me lieve da sopportare, – cosa di cui, come hai detto, tu ti meravigliavi insieme a Lelio, – e non solo non è sgradevole, ma è addirittura gioiosa. Che se in questo mi sbaglio, nel credere che le anime degli uomini siano immortali, sbaglio di buon grado, e finché vivo non mi voglio distogliere da questo errore, di cui mi compiaccio. Se invece dopo morto, come credono alcuni filosofi modesti in verità, non sentirò nulla, non mi fa né caldo né freddo se questo mio sbaglio sarà deriso da qualche filosofo scomparso. Che se non siamo immortali [190] dopo la morte, certamente è augurabile per l'uomo che si estingua quando è il suo tempo; perché la natura è così fatta, che ha fissato un termine per tutte le altre cose e quindi anche per la vita. La vecchiaia infatti è la conclusione della vita, tale e quale a una commedia, di cui dobbiamo evitare di annoiarci, specialmente se abbiamo raggiunto la sazietà.

Ecco tutto ciò che avevo da dirvi sulla vecchiaia. E se, volendo il cielo, voi ci arriverete, che possiate toccare con mano, con l'esperienza, tutto ciò che avete sentito da me.

Note

¹ Dedica a Tito Attico. Tito Pomponio Attico, nato a Roma il 100 a.C., di famiglia nobile, che vantava origini da un figlio di Re Numa Pompilio. Fu l'amico più caro e più intimo di Cicerone, fin dai tempi della scuola. Rimasto orfano di padre in giovane età, dovette fuggire da Roma nell'87, nel periodo più teso e pericoloso della guerra civile, che stava avviando Roma al sopravvento dell'oligarchia contro la Repubblica, fra lotte sanguinose, congiure, colpi di mano delle varie fazioni. Tito si rifugiò ad Atene, dove si trattenne ben 22 anni, fino al 65 a.C. Era molto ricco, avendo ereditato dal padre due milioni di sesterzi e dallo zio materno, Q. Cecilio, dieci milioni di sesterzi, capitale che riuscì a moltiplicare prestando denaro a interesse e dandosi alla compravendita di libri rari e di un certo pregio. In questa sua attività libraria ed editoriale eccelse a tal punto da diventare un editore ad alto livello, con una schiera di copisti a sua disposizione. Fra l'altro commerciava anche in gladiatori, comprandoli e vendendoli, come fanno oggi le società sportive con i giocatori di calcio. Cicerone fu molto legato ad Attico, a cui indirizzò centinaia di lettere, raccolte poi in sedici volumi, uno dei documenti più preziosi della vita romana di quei tempi. Nella sua lunga permanenza ad Atene Tito si era impadronito così bene della lingua e della letteratura greca, che fu soprannominato Attico.

² Il nome Tito è comune a Flaminino e ad Attico. C'è quindi un gioco di parole fra i due personaggi

³ Tito Quinzio Flaminino nacque nel 229 a.C. da famiglia patrizia. Combatté da giovane nella guerra contro Annibale, fu tribuno militare sotto il console Marcello, quando questi cadde in battaglia nel 208. Fu mandato a Taranto come propretore nel 205-4. Fu eletto console nel 198 con l'opposizione dei tribuni della plebe. Da console partì per la Grecia e fu posto a capo dell'esercito romano schierato contro Filippo V re di Macedonia, da lui sconfitto a Cinocefale, in Macedonia, nel 197 a.C. Lo storico Ennio lo esaltò come un eroe negli *Annali*.

⁴ Il verso si riferisce verosimilmente a un episodio della guerra macedonica, in cui un pastore, come narra Ennio, indicava a Flaminino, dandogli una lezione di strategia, il modo di sconfiggere il re macedone.

⁵ Qui Tito è Flaminino. Sono le parole rivolte dal pastore a Tito Quinzio Flaminino, che si arrovella per trovare il modo e il piano strategico per sconfiggere Filippo. Non ci dormiva la notte.

⁶ Il soprannome di Tito Pomponio era Attico, perché nell'Attica, la provincia di Atene, si era fatta in 22 anni una grande cultura nella lingua e nelle lettere greche.

⁷ Cicerone era nel mirino dei nemici della Repubblica. Si era impegnato nel partito di Pompeo contro Cesare, l'aspirante dittatore, ormai sulla strada di diventare onnipotente. Cicerone, per motivi politici, era tagliato fuori dai centri del potere e dagli affari pubblici: si trovava in una situazione pericolosa, in un clima già da proscrizioni. Era facile, a quei tempi, essere eliminato dal partito avversario per mezzo di killer specializzati. E neanche Attico era tranquillo.

Uno dei nemici più pericolosi di Cicerone era Lucio Sergio Catilina, il «rapace», contro cui l'avvocato diresse quattro violente *Catilinariae*, le orazioni che inchiodarono il masnadiero, con prove inconfutabili, alle sue responsabilità e ai suoi nefandi delitti. La prima arringa fu pronunciata da Cicerone l'8 novembre del 63 a.C.

[8] *Cato Maior de Senectute*. Il trattato è sotto forma di dialogo, sul modello greco, come i *Dialoghi* di Platone e i *Dialoghi* di Luciano.

[9] Titone, fratello di Priamo, era un bellissimo giovane, di cui si innamorò l'Aurora, la quale, per poterlo sposare, ottenne dagli dèi il dono dell'immortalità per il giovane mortale. Ma si dimenticò di chiedere anche l'eterna giovinezza, cosicché Titone, con il passare degli anni, invecchiava e si inaridiva sempre più. Allora Titone, per troncare questa eterna vecchiaia, chiese ed ottenne dagli dèi di essere trasformato in cicala.

[10] Aristone di Ceo, vissuto nel III secolo a.C., aveva probabilmente scritto un dialogo in cui si parlava di Titone, protagonista della suggestiva favola mitologica. Qui la vecchiaia, argomento del trattato di Cicerone, era destinata a protrarsi per l'eternità. Per questo Cicerone introduce a parlare della vecchiaia, molto più seriamente, Catone il vecchio, ben più autorevole di una ingenua favola mitologica.

[11] Marco Porcio Catone, detto il Vecchio, ovvero il Censore, per distinguerlo da Catone Uticense. Visse un secolo prima di Cicerone, dal 234 al 149 a.C. Era nato a Gabi, presso Tuscolo, sui Colli Albani. Fu l'autore di un prezioso volume sull'agricoltura, che insieme ai libri *De Agricoltura* di Columella, ci hanno tramandato una valida documentazione della civiltà agricola romana. Catone in vecchiaia scrisse pure un'opera storica molto impegnativa, in sette libri, *Le Origini*, di Roma e delle altre città italiche. Fu un personaggio molto rappresentativo, simbolo dell'austerità e della forza di carattere degli antichi Romani, fermi nei loro costumi e nelle loro rigide tradizioni. È proverbiale il suo martellante slogan, che pronunciava invariabilmente alla fine di ciascun suo discorso: «*Carthago delenda est!*».

[12] Caio Lelio, uomo coltissimo e ferrato nella retorica. Publio Cornelio Scipione l'Africano, detto il Minore, figlio di Paolo Emilio, detto perciò anche l'Emiliano, fu adottato da Scipione, figlio dell'Africano il Maggiore. Cicerone esaltò le virtù dei due amici nel dialogo *Dell'Amicizia*, che ha per titolo, appunto, *Lelio*.

[13] I Giganti, o Titani, uomini dalla smisurata statura, sovrapposero secondo la mitologia il monte Ossa all'Olimpo e il monte Pelio all'Ossa per dare l'assalto al cielo. Ma Giove li fulminò con le sue saette e li relegò parte all'Inferno e parte sotto altissime montagne, da cui eternamente sprigionano fumo e fiamme.

[14] La vecchiaia appesantisce le membra, che non sono più agili e leggere come in gioventù.

[15] Caio Livio Salinatore, console nel 188 a.C., comandante della flotta romana contro Antioco il Grande, re di Siria. Spurio Postumio Albino, console nel 190 a.C.

[16] Cicerone prende le difese della vecchiaia proprio come un avvocato conduce un dibattimento in difesa del suo cliente. E cerca tutte le argomentazioni più valide per questa difesa.

[17] Temistocle visse dal 526 al 461 a.C., fu il grande eroe della celebre battaglia navale di Salamina, dove gli Ateniesi e i loro alleati sconfissero clamorosamente la flotta dei Persiani, nel 480 a.C. Cicerone si era documentato, per questo episodio, sul *De Republica* di Platone (libro I, capitolo IV).

[18] Serifo era un'isoletta delle Cicladi: oggi si chiama Serfo.

[19] La battuta è spietata. Anche ad Atene il personaggio in questione sarebbe stato una nullità.

[20] Questa «amicizia» di un uomo maturo per un giovinetto rientra nel costume

dei Romani, che usavano scegliersi un efebo per insegnargli i segreti della vita e della saggezza (ma anche le prime esperienze del sesso). Anche l'affiliazione e l'adozione avevano spesso questo carattere iniziatico.

[21] Quinto Fabio Massimo fu il protagonista della rioccupazione della città di Taranto che tre anni prima, nel 212 a.C., era stata occupata da Annibale. Fu il grande nemico del Cartaginese, che riuscì a innervosire e a sfiancare con la sua tattica dilatoria, da cui gli venne il soprannome di *Cunctator*, il «Temporeggiatore». Quinto Fabio fu eletto console per la prima volta quando Catone aveva un anno di età nel 233 a.C., e divenne console per la quarta volta quando Catone aveva venti anni, nel 214 a.C., quando combatté come soldato semplice sotto Capua, ripresa dai Romani ad Annibale nel 212 a.C.

[22] Un attaccamento affettivo ed edipico, come era nel costume romano dell'adozione.

[23] L'amicizia della famiglia era di antica data. Vedi nota 21.

[24] Il servizio militare romano durava anche molti anni, quando Roma era in guerra. Vedi nota 21.

[25] Non si sa molto di questi due consoli.

[26] La Legge Cinzia recava il nome di Marco Cincio Alimento, che la propose al Senato nel 204 a.C. La Legge voleva frenare l'abusivo impiego di regalie e donativi agli avvocati e ai magistrati, che patrocinavano le cause in tribunale.

[27] Il temporeggiamento di Fabio Massimo irritava la piazza, che scambiava questa tattica per indecisione e paura del nemico. Fu quindi una tattica impopolare, recriminata e contestata dai demagoghi e dal popolino.

[28] Marco Livio Salinatore, mantenendo il possesso della rocca di Taranto, nella cui fortezza si era rinchiuso con la guarnigione romana, aveva in effetti avvantaggiato di molto l'impresa di Fabio Massimo di riprendere tutta la città di Taranto. Ma Fabio Massimo non si era voluto far sfuggire l'occasione di dargli la stoccata. Salinatore fu poi console assieme a Caio Claudio Nerone e sconfisse sul Metauro, nel 207 a.C. Asdrubale, il fratello di Annibale, il quale si vide arrivare sul suo accampamento la testa mozza del fratello, lanciata da una catapulta.

[29] La toga del magistrato. Non fu più valido come soldato che come cittadino.

[30] Gaio Flaminio, che sconfitto al Trasimeno da Annibale, perì in battaglia nel 207 a.C., aveva proposto al Senato una legge che sanciva la distribuzione al popolo delle terre coltivabili demaniali fra il Sannio e l'Umbria, sul versante adriatico, e delle terre che erano state tolte ai Galli Senoni, più a nord.

[31] Le terre demaniali, confiscate al nemico, venivano distribuite in varie occasioni ai legionari veterani per meriti di guerra.

[32] Gli «auguri», magistrati preposti a trarre gli auspici per i giorni fausti e infausti, avevano una enorme influenza sullo Stato romano. Non si muoveva guerra al nemico né si iniziava qualsiasi impresa senza il parere e il responso degli «auguri».

[33] Insinuò che il responso degli «auguri» era truccato e si conformava agli interessi dello Stato.

[34] Il figlio di Fabio Massimo si chiamava Quinto Fabio come il padre ed era stato console nel 213. Era morto giovane e il padre in persona aveva pronunciato il suo elogio funebre.

[35] Il diritto augurale, come il diritto civile, era oggetto di studio nelle scuole di retorica. La casistica degli auspici, le varie clausole, i vari sistemi divinatori, erano numerosissimi.

[36] Per essere un romano, restio a studiare le lingue straniere e poco incline agli studi (la taccia di «sfaticati» i Romani ce l'avevano anche allora!), aveva fatto anche troppo! Qui Cicerone vuol dare una botta a tanti *parvenus*, ignoranti e presuntuosi.

[37] L'insigne filosofo e scrittore ateniese, discepolo del grande Socrate, visse dal 429 al 348 a.C. Fu famoso per la sua olimpica serenità.

³⁸ Ateniese, famoso oratore e maestro di retorica, visse dal 435 al 338 a.C. Il *Panatenaico* è l'elogio della città di Atene, una delle sue orazioni più prestigiose.

³⁹ Gorgia da Lentini, nella Sicilia orientale (da cui fu detto Gorgia Leontino), fu un famoso oratore greco, appartenente al gruppo dei «sofisti»: visse dal 486 al 378 a.C.

⁴⁰ Una legge fatta approvare in Senato da Quinto Voconio Saxa, da cui prese il nome di «legge voconia». Doveva porre un freno alle eredità e lasciti alle donne, che arricchivano le nuove famiglie contro le vecchie.

⁴¹ Scipione Emiliano, che dialoga con Catone, era il figlio di Lucio Paolo Emilio, suocero di uno dei figli di Catone. (Vedi nota 12.) Scipione era Publio Cornelio Scipione l'Africano il Minore (vedi nota n. 12).

⁴² Fabrizio: si tratta di quel Caio Luscino Fabrizio che si distinse durante le guerre contro Pirro come esempio di rettitudine e di valore. Manlio Curio Dentato portò a termine vittoriosamente la guerra contro i Sanniti, nel 290 a.C. e nel 283 conquistò il territorio dei Galli Senoni. Tiberio Coruncanio fu console nel 281, e assoggettò definitivamente a Roma l'Etruria. Fu il primo rappresentante della classe plebea a conseguire la ambita carica di Pontefice Massimo.

⁴³ Appio Claudio il Cieco fu console nel 307 e una seconda volta nel 296, dal 312 al 308 fu censore: quando Pirro spedì a Roma come ambasciatore Cinèa, per trattare la pace, dopo la battaglia di Eraclea del 280 a.C., lui convinse il Senato a rifiutare la proposta. Lasciò il suo nome alla Via Appia, che congiungeva Roma a Capua.

⁴⁴ Non ci è giunto il testo dell'orazione di Appio. I due esametri fanno parte degli *Annales* di Ennio.

⁴⁵ È noto che Catone il Censore chiudeva ogni suo discorso in Senato con la frase sacramentale «*Ceterum censeo Carthaginem esse delendam*» («Del resto sono del parere che Cartagine, a ogni buon conto, debba essere distrutta»). Era un vero e proprio tormentone, uno slogan, un martellante chiodo fisso.

⁴⁶ Alla fine i Romani diedero ragione a Catone e per liberare Roma dalla pericolosa rivale, nel 146 a.C., Scipione Emiliano rase al suolo la città nemica.

⁴⁷ Scipione Emiliano era nipote di Scipione Africano il Maggiore, padre di Paolo Emilio, da cui era stato adottato col nome di Emiliano il nostro Scipione. (Vedi nota 12.) L'augurio di Catone a Scipione Emiliano si avverò, come abbiamo visto. (Vedi nota 46.)

⁴⁸ Catone fu detto Maggiore, per distinguerlo dal Catone Uticense, ed anche il Censore, per ricordare la sua carica pubblica.

⁴⁹ Senato viene dalla parola *senex*, che significa vecchio.

⁵⁰ *Ludus* significa anche commedia, rappresentazione, spettacolo.

⁵¹ Il vincitore della battaglia di Salamina contro i Persiani. (Vedi nota 17.)

⁵² Aristide di Atene, morto nel 467 a.C., era figlio di Lisimaco.

⁵³ Sofocle, il grande tragediografo greco vissuto dal 495 al 406 a.C. Lesse ai giudici un coro dell'*Edipo a Colono*, l'ultima tragedia della «Trilogia» di Edipo.

⁵⁴ Esiodo, antico poeta greco, autore della *Teogonia* e de *Le opere e i giorni*.

⁵⁵ Simonide di Amorgo, poeta giambico, visse sei secoli prima di Cristo.

⁵⁶ Stesicoro di Imera, in Sicilia, poeta lirico vissuto fra il VII e il VI secolo a.C.

⁵⁷ Oratore e maestro di retorica di Atene (435-338 a.C.). (Vedi nota 38.)

⁵⁸ Famoso oratore greco e «sofista». (Vedi nota 39.)

⁵⁹ Pitagora di Samo, nel VI sec. a.C., fondò una scuola filosofica a Crotone, nella Magna Grecia.

⁶⁰ Democrito di Abdera, visse dal 470 al 362 a.C.: filosofo e scienziato, sostenitore della teoria atomica sulla materia.

⁶¹ Senocrate di Calcedonia visse dal 396 al 314 a.C. Fu direttore della scuola filosofica ateniese, l'Accademia.

⁶² Zenone di Elea, filosofo, del V secolo a.C.

⁶³ Cleante di Asso, nella Misia, filosofo stoico, visse nel III secolo a.C.

⁶⁴ Diogene lo Stoico, così denominato per distinguerlo da Diogene il Cinico. Fu filosofo alla moda, fece parte dell'ambasceria mandata da Atene a Roma, nel 165 a.C. per chiedere al Senato che condonasse una grossa multa fatta dai Romani alla città di Atene. Egli, insieme a due suoi colleghi filosofi, si trattenne alcun tempo a Roma, introducendovi alcuni dibattiti filosofici, che appassionarono i Romani. Pare che Catone in persona li fece espellere dalla città, per paura che corrompessero, con le loro sottigliezze e sofismi, la classe colta romana.

⁶⁵ Cecilio Stazio, commediografo imitatore di Menandro. Abitò per un certo tempo in una casetta modesta sull'Aventino, insieme a Ennio. Morì poco dopo di lui, verso il 170 a.C. Fra le sue commedie ci fu *I Synephebi*, di cui resta solo un frammento, in cui un giovane si lamenta del padre, non perché sia troppo severo, ma perché è troppo indulgente, e gli toglie il gusto di raggirarlo, come vede che fanno i suoi amici scapestrati e come avviene nelle commedie greche e in quelle imitate dal modello greco.

⁶⁶ Cecilio Stazio: vedi nota 65. I versi sono trimetri giambici.

⁶⁷ Solone: legista e legislatore ateniese, visse dal 639 al 559 a.C. Fu anche poeta: scrisse carmi elegiaci.

⁶⁸ La cultura greca era d'obbligo per un uomo colto romano. Catone non aveva potuto studiare la lingua e la letteratura greca da giovane, e l'aveva studiata da vecchio, approfittando del maggior tempo libero.

⁶⁹ Socrate, il grande filosofo greco, creatore del metodo detto della «maieutica» (della levatrice), morì nel 399 a.C., condannato a morte per «corruzione di minorenni», fu costretto a bere la cicuta. Da vecchio si esercitava a suonare la cetra.

⁷⁰ Milone di Crotone fu un grande atleta, vissuto nel v secolo. Si addestrava ogni giorno per mantenere il suo fisico eccezionale, ma finiti gli allenamenti, piano piano il suo corpo andò in declino.

⁷¹ Sesto Elio Peto, vissuto verso la fine del II secolo a.C., per la sua abilità nel maneggiare le leggi a suo profitto fu soprannominato lo «Scaltro» (*Catus*).

⁷² Tiberio Coruncano (vedi nota 42) fu consule nel 281 a.C.

⁷³ Publio Licinio Crasso, celebre giureconsulto, fu consule al fianco di Scipione l'Africano nel 205 a.C.

⁷⁴ I due giovani, in questa occasione, possono considerarsi suoi discepoli. Per Lelio e Scipione vedi nota 12.

⁷⁵ Per gli antenati di Scipione vedi nota 12.

⁷⁶ Vedi nota 12.

⁷⁷ Ciro il Grande: le sue imprese e la sua vita furono descritte da Senofonte nell'opera *Ciropedia* (la *Vita di Ciro*).

⁷⁸ Senofonte, storico ateniese, visse dal 430 al 354 a.C. La sua *Ciropedia* (la *Vita di Ciro*) è fortemente romanzata. Nell'VIII libro riporta le parole di Ciro in punto di morte, di cui Cicerone riferisce una breve parte.

⁷⁹ Lucio Cecilio Metello fu consule due volte. Nel 251 a.C. sconfisse i Cartaginesi di Asdrubale, venuti in aiuto di Annibale dal Lilibeo a Palermo: quella battaglia chiuse la prima guerra punica. Da allora i Metelli posero sulle loro monete l'effige dell'elefante cartaginese.

⁸⁰ Nestore, il vecchio re di Pilo, dotato di un'eloquenza dolce e persuasiva. Era considerato da tutti un uomo saggio e buon consigliere.

⁸¹ Agamennone: «Magari avessi dieci uomini come Nestore! In poco tempo Troia cadrebbe».

⁸² Aiace era il più forte degli eroi greci, eppure Agamennone non espresse il desiderio di avere dieci uomini come Aiace, bensì come Nestore.

⁸³ Catone enumera le sue campagne di guerra e le sue cariche pubbliche.

⁸⁴ Il passo delle Termopili (Pietre calde) era famoso per la leggendaria morte dei trecento Spartani di Leonida, che si opponevano all'invasione dell'esercito persiano. Nel 191 a.C. vi avvenne la sanguinosa battaglia, in cui il consule Manlio

Acilio Glabrione sconfisse Antioco re di Siria. A quella battaglia aveva preso parte anche Catone, come lui stesso dice, insieme a Lucio Valerio Flacco. Glabrione abbracciò alla fine Catone, attribuendogli tutto il merito della vittoria.

[85] Nella Curia avvenivano i dibattimenti e le discussioni politiche del Senato romano. Per parlare nella Curia non occorrevano le forze fisiche, ma le doti morali e intellettuali.

[86] Ogni uomo politico aveva i suoi *clientes*, i suoi «fans», i suoi elettori, che in cambio di protezione, di raccomandazioni e di favori gli garantivano un efficiente appoggio elettorale.

[87] Non sappiamo chi fosse questo Tito Ponzio: certamente un centurione famoso per la sua forza fisica e per la sua mole.

[88] Milone, un atleta dello stadio di Olimpia, forse un sollevatore di pesi.

[89] Pitagora: vedi nota 59.

[90] Massinissa, re della Numidia (all'incirca l'attuale Algeria) fu molto amico della potente famiglia degli Scipioni e fedele federato di Roma. Aveva sposato segretamente Sofonisba, moglie del suo nemico Siface, ex re della Numidia orientale, alleato di Annibale, ma siccome Scipione l'Africano la voleva per sé come prigioniera di guerra, la convinse ad avvelenarsi, per evitare l'onta di essere legata al carro di trionfo del vincitore. Massinissa, ospite degli Scipioni, morì a 90 anni, nel 149 a.C.

[91] Publio Cornelio Scipione l'Africano, aveva un figlio debole e di poca salute, che morì giovane.

[92] Cecilio Stazio: vedi nota 65.

[93] Vedi nota 43.

[94] I *clientes* erano i questuanti in cerca di favori e favoritismi in cambio di voti. Vedi nota 86.

[95] Era questo l'antico modello romano di vita esemplare.

[96] L'ideale maschile del cittadino romano era il *pater familias*, che aveva diritto di vita e di morte sui figli, i quali dovevano sottostare indiscutibilmente alla sua volontà e alle sue decisioni.

[97] Vedi nota 11.

[98] Auguri: vedi nota 32.

[99] Pontefici: anticamente i Pontefici (da *pontem-facere*) erano i costruttori dei ponti, carica che richiedeva eccezionali doti tecniche, e indispensabili nozioni architettoniche. Poi i Pontefici furono i sacerdoti adibiti alla sorveglianza del culto ufficiale e pubblico. Inizialmente il collegio dei Pontefici era formato di 4 membri. Poi, dopo il 300 a.C. di 8 e infine di 15. Il primo del collegio dei sacerdoti era chiamato «Pontefice Massimo».

[100] La scuola pitagorica aveva una severa disciplina. Nelle nostre scuole, di Pitagora è rimasta ancora la «tavola pitagorica».

[101] Un giorno dopo l'altro, l'uomo non si accorge di invecchiare.

[102] Archita di Taranto visse nel IV sec. a.C. Matematico, filosofo e uomo politico, ne parla anche Orazio nella ode XXVIII del libro I delle *Odi*.

[103] Quinto Fabio Massimo: vedi nota 21.

[104] Insomma il piacere è il padre dei vizi.

[105] Al momento dell'orgasmo l'uomo non capisce più niente e smarrisce per un momento la ragione.

[106] Vedi nota 102.

[107] Caio Ponzio Telesino fu il comandante supremo dei Sanniti, durante la guerra sannitica in cui i Romani, nel 321 a.C., subirono lo smacco delle Forche Caudine: dovettero passare, uno per uno, sotto un giogo, messo trasversalmente a metà altezza d'un uomo, in modo che dovessero inchinarsi fin quasi a terra.

[108] Il giogo era sistemato a forma di forca, sostenuto da due pali laterali. La località era Caudi.

¹⁰⁹ L'esercito romano era comandato dai due consoli, Spurio Postumio e Tito Veturio, che dovettero subire l'atroce umiliazione.

¹¹⁰ Nearco di Taranto fu un filosofo della scuola di Pitagora. È omonimo del grande navigatore greco, Nearco, che seguì in Asia Alessandro Magno.

¹¹¹ Lucio Flaminino era il fratello di Tito Flaminino, ma di tutt'altra pasta. In Gallia si abbandonò ad eccessi di crudeltà e di dissolutezza, anche peggiori di questo del prigioniero ucciso.

¹¹² Tito Flaminino: vedi nota 3.

¹¹³ Con la scure si eseguivano le condanne capitali. Al taglio della testa dei condannati provvedeva uno dei littori, sul cui fascio era legata la scure, simbolo della disciplina e della giustizia romane.

¹¹⁴ Naturalmente il fratello Tito non fece condannare il congiunto.

¹¹⁵ Il prossimo consolato fu quello di Catone e di Flacco, che non la fecero passare liscia a Lucio Flaminino, e così lo condannarono.

¹¹⁶ Fabrizio: vedi nota 42.

¹¹⁷ Cinèa: vedi nota 43.

¹¹⁸ Manlio Curio Dentato portò a termine, nel 290 a.C., la guerra contro i Sanniti e nel 283 assoggettò interamente il territorio dei Galli Senoni. Tiberio Coruncanio, console nel 281, conquistò completamente l'Etruria. Fu, come abbiamo detto, il primo plebeo eletto Pontefice Massimo.

¹¹⁹ Manlio Curio: vedi nota 118. Publio Decio Mure: nel 298 a.C. si era costituita una lega contro i Romani, formata da Etruschi, Umbri, e Galli Senoni. I Sanniti ne approfittarono per riaprire le ostilità contro Roma. A Sentino i confederati furono sconfitti dai Romani grazie al sacrificio del console Publio Decio Mure, che si lanciò eroicamente nel mezzo della mischia, rimanendo ucciso e salvando le sorti dell'esercito romano.

¹²⁰ Una buona dieta e l'astinenza dagli stravizi non può fare che bene alla vecchiaia. Dormire bene, poi, fa bene al corpo e all'anima.

¹²¹ Platone predicava la moderazione nella vecchiaia.

¹²² Gaio Duilio aveva vinto una battaglia navale contro i Cartaginesi a Capo Mile (Milazzo), applicando sulla prua delle sue navi i «rostri», specie di passerelle munite di arpioni, per agganciare le navi nemiche.

¹²³ I privati, prima di allora, non potevano circolare la notte al suono dei flauti, facendo baccano.

¹²⁴ Il culto della Gran Madre Terra, poi identificata con Rea, con l'asiatica Cibele e con Gea-Demetra, derivava dal monte Ida, in Creta. Ad esso furono attribuiti i Misteri Eleusini, in cui si rappresentava il vagare di Cerere-Demetra alla ricerca della figlia Persefone, rapita da Plutone. Il culto di Cibele (la Magna Mater) fu portato a Roma dalla Frigia nel 204 a.C. Un oracolo di Delfi aveva profetizzato che se la dea Cibele fosse stata portata dal monte Ida a Roma, questa avrebbe riportato la vittoria sui Cartaginesi.

¹²⁵ *Cum vivo*, vivere insieme, stare insieme.

¹²⁶ I Maestri del Convivio erano gli organizzatori dei banchetti sacri, come l'«epulone» Caio Cestio, che si fece costruire un mausoleo a forma di piramide, vicino alla Porta San Paolo.

¹²⁷ Il Capo della mensa era il «capo-tavola», che assegnava i vari piatti e i vari vini ai commensali. Una specie di sommelier, che sedeva in un posto più elevato della tavola.

¹²⁸ Il *Simposio* o *Convivio* era un poemetto di Senofonte, che dice: «Se ci versiamo da bere a garganella, subito traballano il corpo e la mente, ma se gli schiavetti ci daranno il vino su piccole coppe stillanti goccia a goccia, non ci ubriacheremo».

¹²⁹ Sofocle: vedi nota 53. Platone, in *Della Repubblica*, riporta un suo detto contro le donne.

¹³⁰ Turpione Ambivio fu un famoso attore comico, molto acclamato dal pubblico.

¹³¹ La vita affannata è vista come un servizio militare, che non si può evitare.

¹³² Gneo Nevio, fu autore di un poema e di tragedie e commedie latine. Autore molto salace, puntava i suoi strali anche contro i potenti. Nacque in Campania nel 201 a.C.

¹³³ Plauto, il più grande comico latino, nacque a Sarsina nel 254 a.C. e morì a Roma nel 184. Il *Truculento* e lo *Pseudolo* sono due fra le sue divertenti commedie.

¹³⁴ Livio Andronico nacque nel 240 a.C. e tradusse l'*Odissea* in latino. Così ridusse in lingua latina una tragedia e una commedia greca. Fu impresario, attore e introdusse il teatro greco a Roma.

¹³⁵ Publio Licinio Crasso, magistrato famoso, fu console nel 205 a.C. insieme a Scipione Africano.

¹³⁶ Publio Scipione Nasica fu eletto Pontefice Massimo proprio nell'anno della stesura del libro di Cicerone, il 50 a.C., dopo che era stato due volte console.

¹³⁷ Ennio, di Rudiae, presso la moderna Lecce, visse dal 239 al 169 a.C.

¹³⁸ Solone, vissuto dal 639 al 559 a.C., fu grande magistrato ed anche valente poeta elegiaco.

¹³⁹ Per Catone l'agricoltura è l'occupazione ottimale per la vecchiaia.

¹⁴⁰ *Accaecatum*, cioè ricoperto di terra.

¹⁴¹ È efficacemente descritto il formarsi della spiga.

¹⁴² La potatura, nella viticoltura, è particolarmente importante: da essa dipende la quantità di grappoli che nasceranno e matureranno.

¹⁴³ Esiodo, autore della *Teogonia* e de *Le opere e i giorni*, in cui descrive i lavori dei campi e i tempi in cui iniziare le varie colture.

¹⁴⁴ Nel *De Agricoltura* Catone descrisse i vari sistemi di innesto, ancora oggi praticati dai contadini. In questo importante trattato Catone sostiene che il lavoro dei campi è l'occupazione più adatta alla vecchiaia e la più nobile per la gioventù, perché dà grandi soddisfazioni, accresce il capitale, suscita l'amore per la patria e il patriottismo, ed è scuola di morale. Dagli agricoltori, abituati alle fatiche e ai sacrifici, provengono i migliori soldati.

¹⁴⁵ Manlio Curio Dentato sbaragliò i Sanniti e i Sabini nel 290 e vinse Pirro, re dell'Epiro, nel 275 a.C.

¹⁴⁶ Catone, in vecchiaia, si dedicò quasi a tempo pieno all'agricoltura.

¹⁴⁷ Lucio Quinzio Cincinnato, nel 458 a.C. fu raggiunto dai messi del Senato mentre stava arando il suo campo. Gli conferirono la carica di *dictator*, per condurre la guerra contro gli Equi. Ottenuta la vittoria, Cincinnato rinunciò alle cariche pubbliche e tornò al suo campo.

¹⁴⁸ Caio Servilio Aala, nominato da Cincinnato capo della cavalleria, occupò per ordine di lui il Campidoglio e citò in giudizio Spurio Melio, dell'ordine dei cavalieri. L'accusa era di aver tentato di ottenere, con elargizioni di grano alla plebe, il titolo di re. Non essendosi presentato in giudizio, Servilio lo uccise di propria mano, con l'accusa di voler tradire la Repubblica.

¹⁴⁹ Corrieri.

¹⁵⁰ L'agricoltura era intimamente legata alla religione e al culto degli dèi, a cui venivano in varie occasioni fatti sacrifici e offerte.

¹⁵¹ Specie di «domino» fatto con ossicini di piccoli animali.

¹⁵² Vedi nota 78.

¹⁵³ Un suo discepolo, che è un personaggio dei *Dialoghi* di Platone.

¹⁵⁴ Ciro il Giovane.

¹⁵⁵ Marco Valerio Corvino ricevette il soprannome di Corvino, dopo che in un combattimento corpo a corpo con un Gallo fu spalleggiato prodigiosamente da

un corvo, che volandogli sulla spalla lo aiutò a mettere in fuga il guerriero nemico. Fu sei volte console e due volte dittatore. Nel 343 sconfisse i Sanniti.

[156] Lucio Cecilio Metello: vedi nota 79.

[157] Aulo Attilio Calatino, detto anche Serrano, verso la metà del III secolo a.C. fu due volte console e una dittatore. Il suo sepolcro era sulla via Appia, vicino a quelli degli Scipioni.

[158] Paolo Emilio: vedi nota 12.

[159] La commedia di Terenzio *Adelphoe* (*I due fratelli*). Vi vengono confrontati due padri totalmente diversi, uno pieno di indulgenza e di comprensione per il figlio adottivo, l'altro invece troppo severo e duro.

[160] I due fratelli di Scipione Africano Minore morirono giovanissimi, a pochi giorni l'uno dall'altro, lo stesso anno (il 168 a.C.) che il loro padre, Lucio Emilio Paolo, riportava il trionfo dopo la sua vittoria su Perseo, re di Macedonia.

[161] Qui Cicerone accenna («come trovo scritto») a un racconto di Erodoto nelle *Storie* (libro I), secondo cui i Focesi ebbero un'ottima accoglienza dal re dei Tartessi, cioè di Cadice. Questo re pare che si chiamasse Argantonio e che avesse vissuto ben 120 anni.

[162] Gli attori, alla fine della commedia, avanzavano sul proscenio verso il pubblico e gridavano «Applaudite».

[163] Bella l'immagine del navigante che finalmente, dopo una lunga traversata, vede terra.

[164] Vedi nota 67.

[165] Pisistrato, efferato tiranno di Siracusa.

[166] Pitagora: vedi nota 59.

[167] Solone: vedi nota 67.

[168] Lucio Bruto liberò Roma dalla tirannide di Tarquinio l'anno 510 a.C. Nel 509, in uno scontro violento con Arunte, figlio del re Tarquinio, morì in duello, uccidendo anche lui l'avversario.

[169] Publio Decio Mure, fatto console durante la guerra contro i Latini, vedendo i Romani in procinto di essere sconfitti, chiese al Pontefice Massimo quale fosse il rito con cui potesse consacrare se stesso alla Patria, agli dèi Mani e alla Terra. E avendogli risposto il Pontefice Massimo che doveva precipitarsi da solo in mezzo ai nemici, lo fece, incontrando così la morte nel 338 a.C. 43 anni dopo anche suo figlio, che portava il suo stesso nome, Publio Decio Mure, nella battaglia di Sentino in cui i Romani si scontrarono con i federati Sanniti, Umbri ed Etruschi, fece la stessa cosa, si sacrificò per la Patria, incontrando la morte. Era il 295 a.C.

[170] Marco Attilio Regolo, preso prigioniero dai Cartaginesi, fu da questi mandato a Roma per chiedere la pace, sotto giuramento che sarebbe tornato a Cartagine dopo la missione, come prigioniero. Arrivato a Roma dissuase il Senato romano dal concedere la pace al nemico, ma, per restare fedele alla parola data, tornò da prigioniero a Cartagine, dove affrontò l'atroce tormento della botte irta di chiodi.

[171] Il padre e lo zio di Scipione Africano Maggiore, Publio e Gneo Scipione, morirono durante la seconda guerra punica in Spagna, nel 212 a.C.

[172] Lucio Emilio Paolo morì nella battaglia di Canne, a cui si era opposto. Ma l'imprevidenza e la sconsideratezza del suo collega, il console Caio Terenzio Varrone, che si era voluto arrischiare stupidamente nella battaglia, cagionò la tremenda e vergognosa sconfitta.

[173] Marco Claudio Marcello sbaragliò Annibale a Nola, conquistò Siracusa, e venne ucciso a Taranto nel 208 a.C. Annibale ordinò che le sue ceneri fossero recapitate al figlio in un'urna d'argento.

[174] I soldati romani erano per buona parte di origine contadina. Eppure non avevano paura della morte.

[175] La vita dell'aldilà, la vita eterna.

[176] Le anime vivrebbero in una sfera celeste che fa loro da dimora.

[177] La scuola filosofica pitagorica fu detta «italica», essendo tenuta a Crotone. I Pitagorici credevano nell'immortalità dell'anima.

[178] L'oracolo di Apollo era a Delfo, dove la sacerdotessa Pizia profetava sotto l'influsso delle esalazioni, che scaturivano dal sottosuolo del celebre santuario.

[179] È la teoria del «mondo delle idee» di Platone.

[180] Nella *Ciropedia*, una biografia romanzata di Ciro il Grande.

[181] In realtà Ciro morì mentre muoveva guerra agli Sciti.

[182] Lucio Emilio Paolo era detto il Macedone, perché aveva vinto in battaglia Filippo V re di Macedonia.

[183] Vedi nota 12.

[184] Quello che per la religione cristiana è il Paradiso, per i pagani erano i Campi Elisi.

[185] Le figlie di Pelia, per istigazione della terribile maga, Medea, che con le sue magie aveva fatto ringiovanire il vecchissimo Esone, tagliarono a pezzi il padre e lo misero a bollire, così sezionato, in un grande paiolo, credendo così di farlo ringiovanire.

[186] La linea di partenza dei cavalli, al Circo Massimo, era segnata con una striscia di calce.

[187] Il corpo trattiene l'anima come in un alloggio provvisorio, non come una dimora definitiva.

[188] Per un uomo rigido e austero come Catone, la società romana di allora doveva essere corrotta e da condannare.

[189] A Roma si usava cremare i cadaveri dopo la morte. E sarebbe stato più secondo natura, dice Catone, se mio figlio avesse cremato il mio corpo, anziché io avessi cremato il suo.

[190] Il problema dell'immortalità dell'anima fu l'eterno dilemma degli antichi filosofi.

Indice

p. 7 *Introduzione di Bartolomeo Rossetti*

21 *Bibliografia*

28 *Il* De Senectute

32 *Cato Maior de Senectute*
33 L'arte di invecchiare

88 *Note*

Tascabili Economici Newton, sezione dei Paperbacks
Pubblicazione settimanale, 26 marzo 1994
Direttore responsabile: G.A. Cibotto
Registrazione del Tribunale di Roma n. 16024 del 27 agosto 1975
Fotocomposizione: Centro Fotocomposizione s.n.c., Città di Castello (PG)
Stampato per conto della Newton Compton editori s.r.l., Roma
presso la Rotolito Lombarda S.p.A., Pioltello (MI)
Distribuzione nazionale per le edicole: A. Pieroni s.r.l.
Viale Vittorio Veneto 28 - 20124 Milano - telefono 02- 29000221
telex 332379 PIERON I - telefax 02-6597865
Consulenza diffusionale: Eagle Press s.r.l., Roma